本书获“北京高校高精尖学科项目（中国语言文学）”专项资助，亦获北京语言大学梧桐创新平台项目资助（中央高校基本科研业务费专项资金），项目批准号16PT06

DUIWAI HANYU
JIAOXUE XINLIXUE
（DI 2 BAN）

对外汉语教学心理学

（第2版）

徐子亮 ◎著

北京语言大学出版社
BEIJING LANGUAGE AND CULTURE UNIVERSITY PRESS

图书在版编目（CIP）数据

对外汉语教学心理学 / 徐子亮著 . — 2 版 . — 北京：北京语言大学出版社，2020.10（2023.7重印）
汉语国际教育本科专业课程系列教材
ISBN 978-7-5619-5718-9

Ⅰ . ①对… Ⅱ . ①徐… Ⅲ . ①汉语—对外汉语教学—教学心理学—研究 Ⅳ . ① H195 ② G441

中国版本图书馆 CIP 数据核字 (2020) 第 145277 号

对外汉语教学心理学（第 2 版）
DUIWAI HANYU JIAOXUE XINLIXUE（DI 2 BAN）

排版制作：华伦图文制作中心
责任印制：邝　天

出版发行：北京语言大学出版社
社　　址：北京市海淀区学院路 15 号，100083
网　　址：www.blcup.com
电子信箱：service@blcup.com
电　　话：编辑部　8610-82303395
发行部　8610-82303650/3591/3648
北语书店　8610-82303653
网购咨询　8610-82303908
印　　刷：北京鑫丰华彩印有限公司

版　　次：2020 年 10 月第 2 版　　印　　次：2023 年 7 月第 3 次印刷
开　　本：710 毫米 × 1000 毫米　1/16　　印　　张：13.75
字　　数：236 千字
定　　价：60.00 元

前　言

对外汉语教学心理学是一门研究汉语作为第二语言教学心理的科学。它以教育学、学习心理学、心理语言学和实验心理学等研究成果为基础，结合语言教学实践，探索汉语作为第二语言教学的心理机制和心理规律。

《对外汉语教学心理学》首次出版于2008年，出版后被华东师范大学、上海外国语大学等多所院校在本科教学中作为教材使用。10多年来，汉语国际教育事业有了很大的发展，《对外汉语教学心理学》一书经过长期的教学应用与实践，有了进一步提升的需求和基础。因此，本书于2019年做了修订。

修订后的《对外汉语教学心理学》，内容概要如下：

本书介绍对外汉语教学心理学的基本概念及国外经典外语教学法流派的心理学理论基础，并提供相关的背景知识；阐述汉语作为第二语言学习的生理基础和心理机制；分析汉语作为第二语言学习的过程，着重讨论学习的外显行为和内部运作。在汉语作为第二语言学习的知识和技能掌握方面，本书分别阐述了知识学习的层级与知识掌握所经历的理解、巩固、记忆和积累的心理过程；论证了技能的基本特征和技能形成的认知、联系形成和自动化三个阶段；探讨了感知、理解、记忆，以及与第二语言知识传授和技能培养相关的心理因素和心理规律在汉语作为第二语言学习中的影响和作用。

本书对汉语作为第二语言学习的技能掌握进行了分类剖析，分别对对外汉语听力教学、口语教学、阅读教学和写作教学进行心理分析，揭示其中的心理规律；另外，对影响汉语作为第二语言的知识传授和技能培养的相关心理因素进行了研究，着重揭示其中的难点；从心理学角度探讨难点形成的原因，并论证通过教学培养汉语作为第二语言能力的途径和方法，以有效提高汉语作为第二语言教学的质量和效果。

本书最后从认知风格和情感因素的角度探讨学习者的心理，从对外汉语教师的角色、能力及人格特征等角度分析对外汉语教师的心理。从学习者和教学者两方面探讨主观心理因素在汉语作为第二语言教学中的影响和作用。

本书的特点在于以对外汉语教学学科为基础，详细介绍对外汉语教学心理学的本质与内涵，包括相关的实践知识与方法。基于理论与实践相结合的理念，本书除了在各章节内容中明确阐述对外汉语教学心理学的基本理论，在“知识运用”部分还以问题的形式帮助学生回顾并尝试运用所学的理论分析与解决汉语作为第二语言学习的问题。“案例分析”是第2版的新增部分。进行案例分析，学生首先要消化相关的学习内容，查阅各种必要的文献，这于无形中帮助学生加深了对知识的理解，随后经过缜密的思考，提出解决问题的方案。对学生而言，他们通过汉语作为第二语言教学的真实案例分析，可以提升自己的教学实践能力。对教师而言，案例分析还可促使教师思考如何根据学生的不同理解安排与充实教学内容。案例分析这种双向的教学形式对教师也提出了更高的要求。

此次修订参考了近年来新发表、新出版的文献资料，增列了较新的文献信息。

本书在修订出版过程中得到了北京语言大学出版社沈岚老师的支持与帮助，在此致以衷心的感谢。

徐子亮

2019年8月8日

目　　录

第一章　绪论

对外汉语教学心理学是依托语言心理学而发展起来的一门课程。它以普通心理学中最核心的内容为基础，汲取语言心理学中有关语言感知、语言习得、语言理解、语言生成等内容，引入认知心理学的基本原理，从教和学两方面来阐述汉语作为第二语言学习的心理活动、心理过程和心理规律，由此建立起具有对外汉语教学特点的心理学课程。对外汉语教学属于外语教学的范畴，而外语教学因受心理学发展的影响而形成不同的流派，这些流派的教学原则和教学特点，以及它们所依据的心理学原理，必然会直接或间接地渗透进或融入对外汉语教学之中。相关的教学理论和心理学原理也在一定程度上充实和丰富了对外汉语教学心理学的内容。心理学对外语教学的影响和作用，外语教学中的心理因素，对外汉语教学心理学的性质与意义、研究对象与内容，这些都是本章首先要讨论的内容。

第一节　外语教学与心理学

语言习得的过程是一种心理活动过程，外语学习也不例外。教师要进行成功的外语教学，必须了解心理学对外语教学的影响和作用，研究语言的学习心理及外语教学的心理活动过程和规律。

一、心理学对外语教学的影响和作用

学科的教与学自始至终都伴随着一系列的心理活动。外语教学更是直接受心理学影响的学科之一，特别是外语教学法，历史上各种流派的产生和形成都受到心理学的发展及心理学各种流派的影响和作用。心理学所研究的感觉、知觉、记忆、想象、思维等心理活动和情感、意志等心理过

程，以及需要、动机、兴趣、理想、个性等等，[1]都在相当程度上影响了外语教学法。

从外语教学的历史来看，从17世纪到现在曾出现过许多教学法流派，它们都有相关的心理学理论作为其基础。

（一）官能心理学与语法翻译法

官能心理学的创始人沃尔夫（C. Wolff）认为，人的心灵可划分为各种官能（faculties），如感觉、想象、记忆、悟性、理性、意志等，以及能力（powers）。与这些官能相对应的心理活动是与生俱来的，这些官能能单独加以训练发展。官能获得训练和发展，又能有助于学习其他知识内容和技能技巧。18到19世纪教育学中流行的“形式训练说”就是建立在官能心理学的基础上的。“形式训练说”认为人的各种官能可用高难度的材料来训练，而复杂的拉丁文法是训练和发展学生智慧的最理想材料。在官能心理学和以官能心理学为理论基础的“形式训练说”的影响下，语法翻译法诞生了。[2]外语教学的双重目的（即利用母语做书面翻译的能力和外语阅读能力的培养）、系统的形式语法学习（即讲求词法和句法的系统和规范）、利用翻译的手段（即用母语翻译讲解和进行书面的读和译）、机械操练（如背诵语法规则、做大量的翻译练习），这些语法翻译法的基本特征都源于官能心理学，它们包含着感觉、想象、记忆等心理活动或心理过程。

（二）内省理论、联想心理学与直接法

19世纪后期科学心理学诞生。被誉为实验心理学鼻祖的德国心理学家冯特（W. M. Wundt）倡导实验内省法，即自我观察法。他认为：“语言心理中起主要作用的，不是思维，而是感觉。因此，引入意识中的概念和表象所伴随的刺激应当尽可能有感觉的成分。而最强有力的感觉又是由音响表象所引起的。”[3]在这种心理学理论的影响下，以口语为基础、以模仿为核心的直接法应运而生。直接法提出“用外语教外语”的原则，

---

① 叶奕乾，祝蓓里. 心理学（修订本）[M]. 上海：华东师范大学出版社，1996：3-5.

② 章兼中. 外语教学心理学 [M]. 合肥：安徽教育出版社，1986：35-37.

③ 章兼中. 国外外语教学法主要流派 [M]. 上海：华东师范大学出版社，1983：26.

就是以“音响感觉”为基础，尽可能地使外语词语的声音跟词语的语义结合起来。著名知觉心理学家吉布森（J. J. Gibson）认为对人类生活和学习起重大作用的是五种知觉系统：基本定向系统、听觉系统、触觉系统、味—嗅觉系统和视觉系统。它们分别从体内外环境中获得不同信息，产生不同知觉。①直接法提出口语先行，以直观手段进行教学，正是为了调动视觉、听觉、触觉、言语动觉器官等，使之整体配合、协调而起作用。心理学的“皮层痕迹说”认为联想是记忆的基础，而直观手段容易吸引学习者的注意并产生联想，联想越充分则记忆越牢固。直接法的“希望学生通过联想，使新旧语言材料建立联系”的基本观点即源于此。心理学的实验认为，“重复可以看作是巩固原有的记忆痕迹的过程”②，即复现率越高，越容易在记忆中保留。直接法提出的提高复现率帮助记忆的原则就是以反复感觉、加深大脑皮层痕迹及其在新语境中的联想的理论为指导的。

（三）行为主义心理学与听说法、视听法

20世纪40年代巴甫洛夫（I. P. Pavlov）的条件反射即两个信号系统学说在心理学领域引起了巨大的反响，也对外语教学法的发展产生了深远的影响。美国心理学家华生（J. B. Watson）在条件反射学说的基础上提出了行为主义心理学公式：刺激（S）—反应（R）。他认为人和动物的行为都可以纳入刺激和反应的规范之中。而斯金纳（B. F. Skinner）则进一步将其发展为“刺激—反应—强化”，心理学称之为新行为主义。他把动物和人类的学习看作是操作，而强化是操作条件作用的结果。③听说法以行为主义的心理学说为其理论根据，强调模仿和重复的机械性训练；受翻译行为对语言刺激反应迟缓的原理的影响，听说法排斥或限制母语，要求直接用外语进行思维。20世纪50年代法国始创的视听法或情景法，也正是在行为主义心理学的基础上，从刺激—反应的原理出发，把学习过程归结为图像和录音的声音信息刺激反复作用于感官而建立起来的条件反射。视听法重在视（图像刺激）和听（声音刺激）的互相联系及互相结合上，充分利用

---

① 邵瑞珍. 学与教的心理学 [M]. 上海：华东师范大学出版社，1990：39.

② 邵瑞珍. 学与教的心理学 [M]. 上海：华东师范大学出版社，1990：50.

③ Skinner B F. *Verbal Behavior* [M]. New York: Appleton-Century-Crofts, 1957.

和发挥视觉和听觉感知的协同作用。这种认识在行为主义心理学中可以得到解释。因为词语概念有的和实物发生直接联系（如具体词），有的和图像发生间接联系（如抽象词）。声音和图像经过刺激—反应的频繁联系，能建立起条件反射，因而当图像单独出现时，学生头脑中也会反应出表示图像意义的词语声音。同时，根据大脑对语言的感觉和外界的刺激总是做综合性反应（即通过视、听觉理解语言材料是以整体结构形式实现的，不是由个别元素的行为决定的）这一心理学特点，视听法主张通过声音的整体结构（包括汉字音素、词语音节、句子语音流等）学习外语，整体地学习和记忆词语，整体地领会语句的意思。①

（四）两个信号系统学说、心理学活动理论与自觉对比法、自觉实践法

巴甫洛夫的两个信号系统学说对外语教学产生的影响是巨大的。20世纪40年代以前盛行于苏联的自觉对比法即以此为理论基础之一。学习外语是建立一套新的第二信号系统。根据两个信号系统的原理，外语学习要通过两种语言的对比，依靠并利用母语的第二信号系统对目的语的第二信号系统产生正迁移。一般而言，目的语的第二信号系统是在母语的第二信号系统的基础上同第一信号系统相联系的，而母语的第二信号系统的保守性对目的语的第二信号系统的建立也可能产生负面的干扰。因此，自觉对比法要求学习者自觉地进行语言对比，加强正迁移，控制负迁移。

产生于20世纪50年代末的自觉实践法是苏联外语教学改革的产物。A. H. 列昂季耶夫（A. H. Leontiev）的活动理论（认为人的一切内部活动都来源于外部活动，活动是主客体转化的中介，内部活动和外部活动互相影响和制约）、A. A. 列昂季耶夫（A. A. Leontiev）的言语活动论（认为外语教学必须在交际中进行）、加利·佩林（Gary Perlin）的智力活动按阶段形成论（认为心理活动是外部物质活动向知觉、表象和概念方向转化的结果。转化过程按阶段实现），这些心理学活动理论及别利亚耶夫（Believ）的外语教学心理学都是自觉实践法的心理学理论基础。别利亚耶夫的《外语教学心理学纲要》主张从自觉学习外语到自觉掌握外语，认为掌握外语的过程，就是用外语来思维的过程；只有自觉掌握外语，才是

① 徐子亮，吴仁甫. 实用对外汉语教学法 [M]. 北京：北京大学出版社，2005：23.

真正的掌握；而具有了自动化的外语技巧，可以不经过翻译就理解外语。A. A. 列昂季耶夫创立言语活动论，提出外语教学必须紧密结合交际，以交际为重要手段。在这些理论的影响下，自觉实践法的教学法体系形成了。[①]自觉实践法在克服直接法的极端片面之处的前提下，继承了其合理的内核，同时也兼收国外外语教学法流派（如结构法、情景法、视听法、功能法等）中行之有效的精华，不断充实、完善自己的教学法体系，因而得到了语言教学界的肯定。

（五）认知心理学与认知法

20世纪60年代由于受现代语言学和信息加工理论的影响而兴起了认知心理学。其代表人物皮亚杰（J. Piaget）把行为主义公式修正为“S—（AT）—R”，即一定的刺激（S）被个体同化（A）于认知结构（T）中，才能对刺激（S）做出反应（R），否则就没有反应的基础。皮亚杰和英海尔德（Piaget & Inhelder）指出儿童认知的发展是通过智力结构的改进和转换实现的。[②]在皮亚杰看来，客体只有在主体结构加工改造以后才能被主体所认识，主体对客体的认识程度完全取决于主体具有什么样的认知结构。也就是说，头脑中如果没有相关的认知结构，即使刺激再强烈也无法做出反应。这就从根本上动摇了听说法赖以生存的行为主义心理学的理论基础。[③]

20世纪50年代末美国著名心理学家布鲁纳（J. S. Bruner）的“发现学习”理论也为认知法的产生打下了理论基础。他提出教学“以学习者为中心”，教师应充分发挥学生的积极性和主动性，引导学生通过对所学对象的观察、分析、归纳等逻辑思维活动自己去发现其中的规则和原理。这就是“发现学习”。[④]它能激发学生的主观能动性，让学生创造性地去完成自己的学业。

美国认知心理学家奥苏贝尔（D. P. Ausubel）提出的两种学习理论——机械性学习和有意义学习，更是认知法反对听说法的有力武器。奥苏贝尔

---

① 章兼中. 外语教学心理学 [M]. 合肥：安徽教育出版社，1986：56-71.

② Piaget, J. & Inhelder, B. *Memory and Intelligence*[M]. New York: Basic Books, 1973.

③ 徐子亮，吴仁甫. 实用对外汉语教学法 [M]. 北京：北京大学出版社，2005：28.

④ 章兼中. 国外外语教学法主要流派 [M]. 上海：华东师范大学出版社，1983：190.

认为机械的模仿记忆是死记硬背，不可能保持长久；而有意义的学习是认知学习，即学习本身形成概念或原理，随后以某种可感知的方式与他们原有的思想联系起来时产生的学习。①这种记忆可以长期保持。

乔姆斯基（A. N. Chomsky）认为语言是受规则支配的系统，学习并掌握语言并不是学会某个特定的句子，而是运用规则去创造（构成）和理解新句子，规则性和创造性是语言的两个重要特征。②

正是在这些认知理论的作用下，外语教学又产生了新的教学法——认知法，或称认知—符号学习理论。这种教学法主张以学生为中心，进行有意义的学习和操练，强调对语言规则的理解和掌握，注重培养并提高全面运用语言的能力。

（六）心理语言学与功能法

20世纪60年代后期发展起来的心理语言学关于外语学习的认识过程、学生用语言理解和表达思想、语言和思维过程的关系等阐述，对功能法产生了很大的影响。功能法强调以学生为中心，从学生的实际需要出发制定教学目标，并根据目标选择教学内容，确定教学方法。教师在学习过程中要发挥学生的自觉认识作用，就要进行有意义的、合乎情理的交际训练。心理语言学的功能法代表人物费利克斯和哈恩（S. Felix & Hahn）认为，在外语学习过程中学习者并不是复述所听到的语言，而是从接触到的语言素材里选择具体的语言结构，有规律地使用与本族语说话者有显著区别的语言。这些有毛病的语言形式是外语学习过程中不可缺少的一部分。③功能法对学生的错误不过分纠正，它认为不完善的交际往往是有效的、有价值的，而在学生表达时不断纠正错误只会分散学生的注意力，影响表达的进行。④

（七）人本主义心理学与沉默法、社团学习法

20世纪60年代在美国产生了人本主义心理学。人本主义心理学的创始

---

① 朱纯. 外语教学心理学 [M]. 上海：上海外语教育出版社，1994：32.

② 彭聃龄. 语言心理学 [M]. 北京：北京师范大学出版社，1991：24.

③ 王初明. 应用心理语言学 [M]. 长沙：湖南教育出版社，1990：48.

④ 徐子亮，吴仁甫. 实用对外汉语教学法 [M]. 北京：北京大学出版社，2005：33.

人是马斯洛（A. Maslow）和罗杰斯（C. R. Rogers）。

马斯洛将人与动物的本能加以根本的区别，强调人的内在价值和潜在能力，提出了自我实现论。马斯洛认为人的生存需求具有五个不同的层次，生理需求是最基本的，在此之上分别为安全需要、归属感与爱的需要，以及自尊和尊重他人的需要，而自我价值的实现是最高层次的需要。罗杰斯则强调以人为中心的理论，强调自我指导、自我意识，促进人的自我实现。

人本主义心理学强调人的创造力，以人为中心，重视人的主观能动性和人的价值的实现，注意人际交往中情感的决定性因素和从整体的视角审视事物。罗杰斯的教学观认为在教育中要注意发展人的个性，强调教学应以学生为中心，教师的任务是引导和帮助学生适应环境的变化，鼓励学生自己解决问题。

人本主义心理学对外语教学法产生了重大影响。沉默法和社团学习法（咨询法）这两种外语教学法即以人本主义心理学为理论基础。

1. 沉默法

沉默法由英国数学家兼心理学家加特诺（G. Gattegno）在20世纪60年代初首创。沉默法的主要学习理论为：发现或创造所获得的学习效果优于记忆和重复，借助相应的物体辅助学习和解决与学习材料有关的问题有助于提高学习效果。

沉默法的总体目标是通过语言基本要素的训练培养学习者的听说能力。沉默法的主要特征是：教师改变传统的以教师为样板的方式，在课堂上应尽可能地保持沉默，让学生多开口，培养他们的独立性，提高他们的自信心。

2. 社团学习法

社团学习法也称为咨询法，由美国芝加哥洛约拉大学心理学教授库兰（C. A. Curran）首创。

社团学习法吸收了心理学中心理咨询的部分理论和实践方法，把教师和学生的关系看作是心理医生和病人之间的咨询关系。

社团学习法的主要特征是：教师要让学生了解学习的价值，以明确学习动机；教师要创造一个轻松安全的学习环境，让学生克服成年人学习外语害怕出错的心理障碍，进行快乐的学习；在学习中既促进学生的思维活动，也注意其情感因素和需求。

库兰把语言学习观总结为SARD：S即安全感（Security），A即注意力和进取心（Attention and Aggression），R即记忆和反思（Retention and Reflection）——对学习内容进行反思，对学习目标进行评估，D即区别（Discrimination）——发现学习材料间的相互联系。社团学习法的学习进程围绕话题进行，教师在最初阶段主要起辅助作用，给学生提供相对应的目的语表达法；在后续阶段，教师主要监督学生的话语产出并提供必要的帮助。①

（八）记忆理论与全身反应法

心理学关于“记忆痕迹”的理论认为记忆联系越频繁，刺激越强烈，记忆的联想和回忆就越容易。美国加利福尼亚圣何塞州立大学心理学教授亚瑟（J. J. Asher）吸收了“记忆痕迹”的有关理论创立了全身反应法。全身反应法旨在通过语言与行为的协调来进行语言教学。亚瑟认为成年人成功的第二语言学习与幼儿的母语习得过程相似。他认为幼儿接受大人的语言指令一般先用身体反应，而后再学会用语言反应。成年人应该学习这种方式。亚瑟还吸收了人本主义心理学重视学习中的情感因素的观点，认为对学生的言语输出应尽可能宽松，不做严格要求，以减轻学生的心理负担，培养愉快的学习情绪，提高学习效率。

全身反应法的教学目标是培养学生的口语能力，教学手段是运用理解达到教学目标。教学内容由教师根据课程目标确定，主要课堂活动是祈使句操练，用以调动学生的身体行为和心理活动。②

（九）习得理论、监控理论与自然法

近代心理学研究把重点放到了第二语言的学习上，心理学和外语教学

---

① 束定芳，庄智象. 现代外语教学——理论、实践与方法 [M]. 上海：上海外语教育出版社，1996：219.

② 束定芳，庄智象. 现代外语教学——理论、实践与方法 [M]. 上海：上海外语教育出版社，1996：209.

法的关系就更为直接和密切了。20世纪70年代克拉申（S. D. Krashen）提出了“习得理论”和“监控理论”，并跟特雷尔（T. D. Terrel）一起倡导自然法。他们认为语言的习得是随着在自然的交际情景中经常使用语言而发生和发展的，不仅儿童如此，成人也应该通过这种方法来掌握语言。

自然法以克拉申的习得／学习假设、监控假设、自然顺序假设、输入假设、情感过滤假设等习得理论为主要理论基础。在语言教学中，它强调自然习得，注重理解基础上的学习；在课堂教学中充分开展交际活动，注重内容而不追求形式的完美；努力提高学习者的学习兴趣，营造轻松的学习气氛，提倡错误的自我纠正；等等。

自然法是源于第二语言习得理论的一种语言教学法。第二语言学习中的心理因素在自然法中得到了重视和体现。

综上所述，外语教学法的形成和兴起无一不是直接地或间接地跟心理学理论的发展有关。心理学理论每发展一步就会有相应的新教学法或改进了的教学法出现。当前，由于认知心理学的发展，心理学走上了一条融合各派长处的新路，外语教学也因此出现了多种交际法与传统教学法相结合的教学模式。

二、外语教学中的心理因素

人的心理现象是多种多样的。人的各种活动，诸如劳动、工作、学习、交际、运动等等，都是某种心理现象的反映。在众多的心理现象中，心理过程和个性心理是人的心理活动中最为重要的部分。

（一）心理过程

心理过程是一种变化着的心理现象。它包括认识过程、情感过程和意志过程三个方面。认识过程包括感觉、知觉、记忆、想象、思维等心理活动，例如人文学科、自然学科、语言学科等的学习和认知的活动和过程；情感过程是人在认识客观事物的过程中所引起的对客观事物的某种态度的体验或感受，例如喜爱与厌恶、热心与冷漠、欢乐与惆怅等；而意志过程则是在认识和情感的作用下，人有意识地克服内心障碍与外部困难，坚持实现目标的过程。这三方面是统一的心理活动的不同侧面，心理学称其为心理过程。[①]

（二）个性心理

个性心理是一种稳定的心理现象，它包括个性倾向和个性心理特征两方面。个性倾向包括需要、动机、兴趣、信念和世界观，个性心理特征包括能力、气质和性格等方面的差异。两者的有机结合形成了人的不同个性。[②]

（三）心理因素对外语教学的影响

在外语教学中心理因素具有极其重要的影响，其中认识过程是学习的主要心理活动。例如学习生词，对词音的接收要动用听觉，对词形的接收要动用视觉，对词语的说写要动用口舌或手指的动觉，这些不同感觉相互联系和作用就有了对该生词的知觉。被感知过的生词也可能被遗忘，因此要采取措施（例如复述、再现或再认）加强记忆。生词往往有若干义项，我们要运用想象去探究其内部的关联，同时在思维时能够从记忆中选择、提取和应用。这些就是学习外语的认识过程中的心理活动。外语学习既是一种认知心理过程，又是一种与情感密切相关的心理活动。在有限的时间内，如果生词数量过多，学生就容易产生厌烦情绪；生词数量适当，学生就会有一种愉悦感和成就感。对一个句子的含义，学生如果能较快地领悟与把握，就会充满自信；如果不得其解，就会焦虑烦躁。一篇课文如果艰深难懂，学生就会有畏难情绪产生；如果能顺利地阅读和理解，就会萌生成就感。而课文情节的波折、人物命运的坎坷、结局的出人意料、说理的透彻和周密等等，也会引起学生情感的波动，从而激发其学习和探究的兴趣。以上种种都是语言学习心理活动中的情感过程。在外语学习的心理活动中，学习者能否完成认识过程，能否控制情感过程，得看个人的意志过程。有学习意志且意志坚强者能知难而上，达到学习目标；无意志或意志薄弱者往往裹足不前，学习成效不大。综上所述，在学习外语的心理活动中，认识过程、情感过程和意志过程三者是互相支撑、有机结合而缺一不

---

① 叶奕乾，祝蓓里. 心理学（修订本）[M]. 上海：华东师范大学出版社，1996：3-5.

② 同上。

可的。心理因素的影响既表现在语言学习过程中，也体现在学习者的个体差异上。

学习者个体的心理差异也直接影响外语的学习。这种心理差异具体反映在学习的动机、态度、意志、个性特征等方面。学生学习目的明确、目标专一，那么这种学习动机就会带来良好的态度，具体表现为学习积极主动，能在个人意志的努力下克服学习上的各种困难；反之，不明确的动机和消极的学习态度则会使学生对学习失去兴趣以至于半途而废。不同的性格特征和个性差异也会影响学习效果。例如外向型性格的人爱交际，爱说话，因而有利于语言学习中口语和听力技能的提高及交际能力的培养；而内向型性格的人勤于思考，基础扎实，因而有利于对语言结构形式的掌握。

第二节　对外汉语教学心理学

对外汉语教学心理学主要研究汉语作为第二语言学习者在汉语学习和应用过程中的心理现象和心理活动。明确对外汉语教学心理学的性质与意义，熟悉这门学科的研究对象与内容，就能区别于一般的教学心理学与语言心理学，把握对外汉语教学的特点及心理规律。

一、对外汉语教学心理学的性质与意义

对外汉语教学心理学是汉语作为第二语言教学的心理学，它是一门学科心理学。第二语言学习反映出一定的心理现象，第二语言学习的过程也是心理活动的过程。对外汉语教学心理学研究汉语作为第二语言教学过程中的心理现象及心理活动规律。

从学习进程与教学过程的相互关系来看，教育心理学认为学与教事实上是对同一过程的不同角度的理解。学习进程侧重于学生内部的心理发展过程，而教学过程侧重于教师的教，表现为一种物质活动的外部过程。外部过程必须以内部过程为基础，又促进内部过程的不断发展。[①]教师要研究教学，提高教学质量和水平，首先应该了解学生是如何学习的，即要研

① 莫雷. 教育心理学 [M]. 广州：广东高等教育出版社，2002：2.

究学生内部的心理发展过程。对外汉语教学心理学研究汉语作为第二语言教学过程中学生的学习心理，就是研究学生学习的内部过程，是从根本上为对外汉语教学水平的提高奠定基础。对外汉语教学心理学也研究汉语作为第二语言教学的外部过程，即教师的教学，特别是教学过程中的心理现象与规律，并以此来促进学习的不断发展。对外汉语教师具备一定的对外汉语教学心理学知识，了解言语活动的心理特点、学习者的语言认知过程和情感因素，以及学习者的共性心理和个性特征，将有助于提高教学质量和教学水平。同时，这对提高教师的学科素养和自我教育能力也有着积极的意义。

对外汉语教学心理学在研究和解决汉语作为第二语言教学过程中反映出来的心理学方面的问题的同时，也为其学科发展提供了大量的理论依据。它从心理学角度进行的深入剖析丰富了汉语作为第二语言教学的学科内涵，开拓了学科视野，促进学科向深度与广度进一步发展。

二、对外汉语教学心理学的研究对象与内容

对外汉语教学心理学的研究对象有三个方面：

（1）汉语作为第二语言学习的心理过程与规律

学习者掌握这方面的心理过程与规律，有助于知识的接收、保持、记忆和提取，也有助于听力、口语、阅读和写作能力的培养和提高。

（2）汉语作为第二语言教学的心理因素与规律

教学者掌握这方面的心理因素与规律，有助于调动学习者的认知成分、情感成分和意志成分，保证学习沿着健康、正确与有效的方向前进。

（3）学习者和教学者在整个教学过程中的心理现象及变化

我们掌握这方面的心理现象及变化，有助于针对学习对象的特点采取适当而正确的教学方法和教学措施，使教与学始终和谐而有效地进行。

基于此，对外汉语教学心理学的主要内容包括：

（1）对外汉语教学心理学的基本概念和论述，包括外语教学与心理学，外语教学中的心理因素，对外汉语教学心理学的性质、意义、研究对象与内容等。

（2）汉语作为第二语言学习的心理机制和学习过程，包括汉语作为第二语言的感知、理解和记忆。

（3）汉语作为第二语言的听力、口语、阅读与写作教学的心理机制，教学难点的心理分析及听、说、读、写能力培养的策略和方法。

（4）与汉语作为第二语言学习相关的因素，包括学习者的认知风格、情感因素及教师的心理特点。

根据上述四个方面的内容，本书的具体章节安排为：第一章介绍对外汉语教学心理学的基本理论。第二章阐述汉语作为第二语言学习的心理基础，包括生理基础、心理机制、学习过程及知识和技能的掌握。第三章阐述汉语作为第二语言的感知和理解，分别介绍各种感觉在第二语言感知中的作用、汉语作为第二语言的言语知觉和汉语作为第二语言的词汇理解、句子理解和话语理解。第四章阐述汉语作为第二语言的记忆，具体内容有记忆特征、汉语作为第二语言的识记、保持和遗忘、再认和回忆。第五章至第八章分别阐述汉语作为第二语言的听力、口语、阅读和写作教学的心理机制及教学难点的心理分析和能力培养。第九章阐述汉语作为第二语言学习的学习者心理，论述与汉语学习密切相关的学习者的认知风格与情感因素。第十章阐述对外汉语教师的心理特点，包括对外汉语教师的角色、能力及人格特征。

本章小结

对外汉语教学心理学属于第二语言／外语教学心理学的范畴，它是一门学科心理学。它撷取了普通心理学的主要内容，引入了语言心理学和认知心理学的基本原理，揭示了汉语作为第二语言教学的心理过程和心理规律。

心理学的发展影响着各种外语教学法流派的形成。每一个外语教学法流派的出现无一不是心理学的研究和发展取得一定成就的产物。

外语教学中最为重要的心理因素是人的心理活动。所谓心理活动，一是指不断变化着的心理现象，主要有认识过程、情感过程和意志过程三个方面；一是指比较稳定的心理现象，主要有个性倾向（如需要、动机、兴趣、信念和世界观）和个性心理特征（如能力、气质和性格等）。它们直接或间接地影响着外语教学。

对外汉语教学心理学的研究对象是汉语作为第二语言学习的心理过程与规律、汉语作为第二语言教学的心理因素与规律、学习者和教学者在整个教学过程中的心理现象及变化。其研究内容是对外汉语教学心理学的基本概念和论述，汉语作为第二语言学习的心理机制和学习过程，汉语作为第二语言听力、口语、阅读和写作教学的心理机制，教学难点的心理成因以及与汉语作为第二语言学习相关的因素等。

知识运用

1. 外语教学法各个流派的形成受到哪些心理学研究成果的影响？
2. 为了突出汉语作为第二语言教学的特殊性，我们应该吸收哪些心理学研究成果？请谈谈你的想法。
3. 人的心理活动主要是变化的心理现象和稳定的心理现象。请你结合自己学习外语的经历，谈谈这些因素对外语学习的影响和作用。

第二章　汉语作为第二语言学习的心理基础

跟所有外语学习一样，汉语作为第二语言的学习有其一定的生理基础和心理机制。生理基础涉及大脑的组织及其神经活动，心理机制涉及信息的储存和记忆。汉语作为第二语言的学习和认知活动正是在生理和心理这两个平台上进行的。我们研究汉语作为第二语言的学习，不仅要注意学习的外显行为，更要探索学习的内隐机制。除此之外，我们还要研究汉语作为第二语言学习的知识掌握和技能熟练的途径。本章就是围绕着这些基本理论和核心问题来阐述和展开的。

第一节　汉语作为第二语言学习的生理基础和心理机制

汉语作为第二语言学习有其一定的物质基础，这就是大脑和人体的神经系统。外国学生能学习和认知汉语正是依赖于神经系统中的神经细胞对信息的传递和储存，因此我们有必要了解神经元的结构和功能，以及大脑组织。汉语作为第二语言学习还有其一定的心理机制。从信息刺激感官到遗忘或储存，直至记忆并自动化，都不断地改变着和充实着学习者的认知结构，积累着和丰富着世界知识。这些活动和过程都有其内在的规律。我们学习和了解汉语作为第二语言学习的心理机制，有助于理解汉语作为第二语言的学习和认知。

一、汉语作为第二语言学习的生理基础

人类对语言的认知是一种高级的神经活动。这种活动是以人类的大脑为物质基础的。我们了解人类的高级神经活动机制，有助于把握人类的认知心理过程。

（一）语言学习的物质基础——神经元

人的脚踩在有刺的东西上会感觉痛，盲人的手接触到盲文能意识到是什么意思，人的眼睛看到外界的实物（包括文字），耳朵听到外界的声音（包括语音），就能认识事物（包括语言）。这一切的发生全依靠人的神经、脊髓和大脑。也就是说，人类对周围世界的认知是建立在人的生理基础上的。

1. 神经元

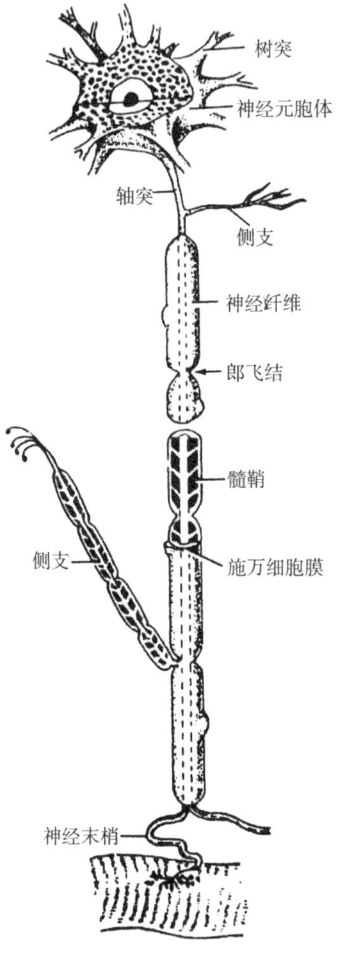

图2-1 神经元模式图

人体的神经系统是认知的物质基础。神经系统中最重要的组成部分是神经元，也就是神经细胞。“大脑大约有1000亿个神经元，每个神经元具有相当于一部中型计算机的处理能力。”①

神经元是神经系统的结构和功能单位，是专门负责传递和加工信息的细胞。它由细胞体和突起组成。细胞体的外延有一些短支叫作树突；另有一条与细胞体相连接的细长管道叫作轴突，如图2-1所示。②

轴突是神经元互相联系的通道。一个神经元的轴突向另一个神经元的树突延伸，通过轴突尾部分叉的终端芽与其他多个神经元的树突紧密接触叫作突触。一个神经元可通过突触对多个神经元施加作用，另一方面，一个神经元的胞体或树突也受众多神经元的影响。神经元之间就是通过这种方式联结起来，接收、整合和传递信息。

① 桂诗春. 实验心理语言学纲要——语言的感知、理解与产生 [M]. 长沙：湖南教育出版社，1991：73.

② 柏树令. 系统解剖学（第5版）[M]. 北京：人民卫生出版社，2001：306.

2. 神经元的信息传导

神经元的信息是以脉冲方式沿着轴突进行传递的，就跟电线中的电流传导相仿，即轴突终端在轴突的一边发出化学物质，这种化学物质叫作神经传导物（或叫神经递质）。而神经元在突触处并不是联结在一起的，而是有一个间隙。神经递质通过这个间隙让神经元内膜集中较多的阴性离子，外膜则集中较多的阳性离子，造成膜内外产生70毫伏的电位差。这种电位差视神经递质的不同而有所增减。减少电位差的突触联系叫作兴奋，增加电位差的叫作抑制。

一组轴突相互联结，可延伸至一定的距离，就像电缆中成束的电线。一个轴突或将信息输入中枢神经系统（脊髓和大脑），或从中枢神经系统输出信息。中枢神经系统接收全身各处的传入信息，经它整合加工后传出。比如，脚踩到尖刺上，引起脚部痛神经元突触的兴奋，它们便一个接着一个像接力赛似的把痛感传递到脊髓，并由脊髓传递给肌肉，促使脚做出从尖刺上移开的反射。如果这种痛感由脊髓上传到大脑，就给大脑留下了“尖刺伤害人，应避而远之”的经验与记忆。盲人接触盲文，使手部的神经元突触兴奋起来，并传递到脊髓，再由脊髓传递到大脑，在那里传递的信息得以汇集和整合，人从而意识到盲文所表达的意思。普通人的视觉或听觉正是通过神经元把看到的实物或听到的声响一一传递给中枢神经系统的。颈以上部位的感觉传递不经过脊髓，由头部神经直接完成，所以视觉神经把眼睛得到的信息传到大脑，听觉神经把耳朵得到的信息传到大脑，传递的距离短，反应也就比较快。

反之，神经元突触也能经过传递抑制另一个神经元的活动。比如，带尖刺的东西很名贵，脚移开会使之滚落下去而损毁，在这种情况下，大脑可能发出抑制信息，不让肌肉做出移脚的行为。再如，盲文篇幅太长或者文字记号模糊，大脑不能接收，也会发出抑制信息，限制神经元活动，使行为不再继续下去。又如，视觉和听觉因疲劳而传递效率不高，其实也是大脑抑制神经元活动的结果。

3. 神经元的类型和信息的神经表征

神经元有各种类型，有的是感觉神经元，作用是传递痛痒、冷热、损伤、触摸、视听等感觉，比如脚踩尖刺、手触盲文、眼观外物、耳听声响等；有的是运动神经元，作用是激活肌肉，比如手脚活动、口腔发声等；有的是中间神经元，介乎感觉神经元和运动神经元之间，起“上通下达”接力棒式的传递作用。人们的思考、觉察和感受很大部分是大脑中数量庞大的中间神经元活动的结果，而人们的行为是神经系统中所有神经元交互作用的一种复杂结果。比如，人因脚踩尖刺而引起痛痒、损伤的感觉，由神经元一个接一个传递给中枢神经系统（脊髓或大脑），再由脊髓或大脑反馈信息到脚，激活脚部肌肉活动而把脚从尖刺上移开。这里就有大量神经元进行着传递和交互活动。而大脑的认知活动正是由大量神经元形成神经活动（即编码）来实现的。比如识字活动，一个方块汉字“腿”的字形，由视觉神经把“腿”分解为“月、退”并在有关的神经元之间进行传递；“腿”的发音由听觉神经分解为“t、uei”并在有关的神经元之间进行传递；“腿”的意义则可能根据其图画或实物通过视觉神经元进行传递，也可能根据学生英语母语中的对应义“leg”，由听觉神经元进行传递。外界有关这个汉字的信息由各种类型的神经元传递到大脑，在那里得到整合，于是人们就认知了“腿”这个汉字。

（二）语言学习的物质基础——大脑组织

人类的中央神经系统包括大脑和脊髓。脊髓有把大脑神经信息传递到肌肉（如促使口腔肌肉活动去说话或促使手指肌肉活动去书写）和把身体的感觉又传递回大脑（如感到发音不标准或感到书写不正确）的功能。大脑内部有许多神经结构，如控制呼吸、吞咽、消化的髓鞘，调节肌肉运动或随意活动的小脑，传递肌肉运动和感觉信息到皮质区域的丘脑，等等。这些结构外面覆盖着一层灰质叫大脑皮质，也叫新皮质。大脑皮质（或称大脑皮层）的面积有2200平方厘米，要把这么大一块薄膜盖在颅骨上必须折叠起来，因此大脑皮层表面布满许多脑回和脑沟，像胡桃似的呈现着许多褶皱。

大脑皮质有许多重要功能区域，由皮质上的褶皱或裂沟分隔开。例如，额叶中央前回是运动区域，支配对侧身体各部分的自主运动；顶叶中央后回是感觉中枢，接受来自对侧身体各部分的感觉；枕叶内侧是视觉中枢，接受来自两眼的视觉刺激；颞叶上回和横回是听觉中枢，接受来自两耳的听觉刺激。

人的大脑分为左右两半球，人体的右部与大脑左半球相联系，左部与大脑右半球相联系。两个半球的功能具有一侧优势。人体解剖学和人体生理学的研究表明左侧大脑半球为语言的优势半球，主要进行语言、文字、计算等的信息加工；右侧大脑半球在非语词性认识功能上存在一定优势，音乐才能、图形、空间辨认、深度知觉和触觉认知等信息加工更多依赖于右半球。不过，人脑高级功能向一侧半球集中的优势现象是相对的，不是绝对的。

人体的神经系统是人的心理产生的自然前提和物质基础。人的心理由人的高级神经系统的活动产生，而人类对现实世界的认知则是人的心理高度发展的结果。

二、汉语作为第二语言学习的心理机制

一个词语或词组（比如中文的“禁止右转”或英语的“no right”），一种实物或标志（比如），这些信息为汽车司机的视觉神经所接收，由神经元传递到大脑皮质的有关区域，在那里得到加工和识别，并反过来把大脑的意识传递给手部肌肉，激发手部肌肉做出相应的反射活动——朝前驾驶或扭转方向盘向左转。这就是人们接收和输出信息的心理活动流程。

（一）接收和输出信息的心理活动流程

人是怎样接收外界的信息并做出输出反应的？

如图2-2[①]所示，人类信息的储存和记忆可分为两种形式和四个连续的阶段。两种形式为短时记忆和长时记忆，四个连续阶段为感觉性记忆、第一级记忆、第二级记忆和第三级记忆。

外界的刺激物作用于感觉器官，如司机行车时看到多种物体，听到多种声响，这些信息都被传递到大脑。如果是无关紧要的信息，如看到的房子、听到的风声，则在感觉性记忆中储存极短的时间（不到一秒钟）就会消失。如果是比较重要的信息，如看到标志牌上“禁止右转”的交通信号，就要在记忆中进一步加工和整合信息，使之从感觉性记忆转入第一级记忆。

① 张长城，葛斌贵，周保和. 人体生理学 [M]. 北京：科学技术文献出版社，1993：190-193.

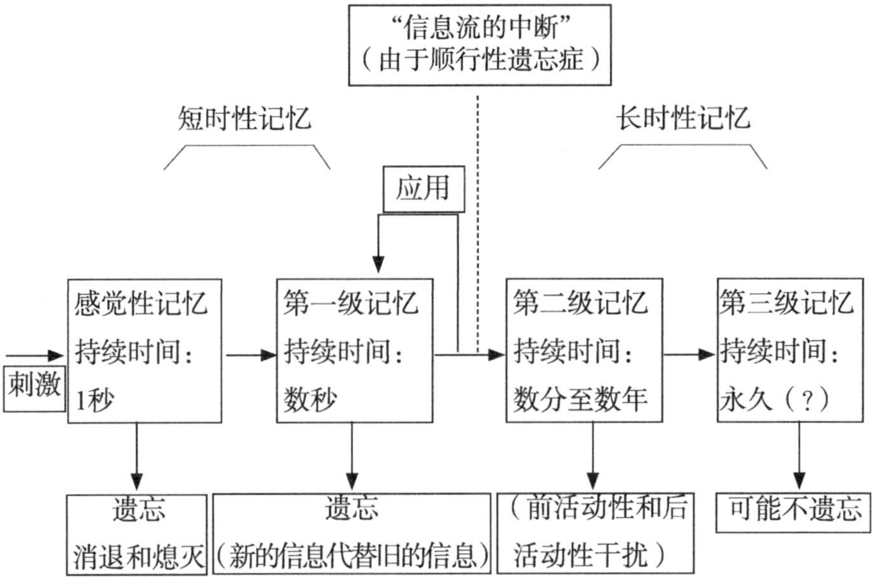

图2-2　人的信息处理过程

第一级记忆储存的信息犹如指针，它会唤醒早先储存于大脑长时记忆中的知识（如交通常识），找到与外界相同或相近的类型，并由大脑据此发出指令——直走或左拐。车驶过去之后，储存于司机第一级记忆（即短时记忆）中的“禁止右转”的信息也随之被遗忘，因为短时记忆中信息储存的时间也很短，只有几秒。路面上有许多新的信息（如红绿灯、路牌、限速等等）不断输入而进入司机的短时记忆，挤掉了旧的知识信息。

但是，这位司机在这条路上走过几次后（即反复实践后），“这条马路不能右转”的信息就上升为经验（知识的一种）而储存到第二级记忆中。第二级记忆属于长时记忆，不仅容量大，而且时间长。一般出租车司机的头脑里有一张城市交通的活地图（包括哪条路是单行道，哪条路是步行街等），这就是反复开车的实践和觅路的经验逐步累积的结果。当然，如果这位司机以后不再从事这个职业，那么经验得来的知识也会因为先前的或后来的信息干扰而淡忘，乃至遗忘。

第一级记忆中的信息痕迹通过长期运用进入第三级记忆，一般不会被遗忘，比如自己的名字、出生地、出生年月、就读的学校等等，很可能成为永久记忆的知识。

（二）心理活动的自动化过程

人在接收或输出信息时，需要集中精力去听、去看、去思考、去行动，这就是注意。注意是大脑的一种资源，它是有限的。人在注意时，有时要全力以赴，比如学开汽车时必须全神贯注；有时可以一心二用，比如技术熟练的司机可以边开车边交谈。这说明通过练习可以减少注意力，练习越多，需要的注意力就越少。高度熟练的过程甚至无须注意，这就是自动化。学生学习外语的一些词语和某种语法规则，通过强化练习能自如地运用这些外语词语造出合乎某种语法规则的句子，或者能正确地理解这样的语句。这就意味着在这个小范围里我们对外语的运用达到了自动化或准（接近）自动化的程度。

综上所述，认知过程可以分为两种不同类型：无须注意的自动化过程和需要注意的控制过程。学习知识和技能，开始时都需要付出较多的注意力来控制，学开车是如此，学语言也是如此。“一心以为有鸿鹄将至”，注意力分散是学不好的。学习者通过一段时间的反复练习，开车和某种语言技能就会逐渐形成一套程序并作为一个单位被记下来，而且连同适用的场合（如某种语句的使用语境等）也一起作为程序被储存下来。以后只要这个场合出现，就会自动地用上这种程序，不必临时去编写程序。这就是自动化过程。因此，“所谓自动化，无非是建立程序，并储存起来供以后使用”。①但是自动化的程序有着固定化的特点，一旦建立，就会照章执行，很难进行修改。外国学生学习汉语所出现的用词或造句错误往往难以纠正，就是因为建立了不正确的自动化程序。

人在某方面建立了自动化程序，就能分配注意资源到别的感觉器官，也就是说可以同时做两件事，比如司机边开车边听音乐，学生边听课边记录等。当然，如果使用的是同一种资源（如耳听的注意资源，或口说的注意资源），则不能“一耳兼听”或“一口两说”，即不可能在同一时间听两篇广播或念两篇文章。

---

① 桂诗春. 实验心理语言学纲要——语言的感知、理解与产生 [M]. 长沙：湖南教育出版社，1991：100.

（三）认知基础

语言的认知活动不仅需要有语言学习的物质基础，而且还需要有语言学习的心理机制。汉语作为第二语言的学习和认知正是在这两个平台上进行的。

1. 结构和过程

认知活动包括结构和过程两个部分，两者之间是协同交互的。它们有点儿像蜜蜂的蜂房结构和蜂房内部的工作过程。蜂房是由蜜蜂修建的，其结构的大小、形状、位置、容量等一般是不变的，但蜜蜂的采集、运输和储存等活动过程却在不断地变化。这些变化与结构也有一定的关系，即过程影响着结构（蜜蜂采集、储存的蜂蜜充满了蜂房结构），结构制约着过程（蜜蜂的运输和储存必须按照蜂房结构的分布和路径而进行）。[①]

认知心理学所说的结构大多是比喻性的，如储存箱、框图、树等等。认知心理学所说的过程是“以某种方式分析、转化或改变心理事件的操作或职能系统”[②]。比如词语“酿造”和“酝酿”经学习者感知后，传递到短时记忆系统中进行形、音的分析和编码，再转化成电码式符号进一步输送到长时记忆储存箱，在那里得以整合（操作）而恢复原状（其形归入偏旁部首系统，其音归入语音系统）。由于“酿造”一词容易联想到“蜜蜂酿蜜”这一具体事件（图式），因此学习者容易获得这个词的意义和概念；“酝酿”一词含义比较抽象，不易接受和理解，在传递或识记途中已被遗忘。认知活动中的这些分析、编码、转化、概念形成、遗忘等等都是一个过程。而诸如此类的活动过程反过来也可以充实或部分地改变原有的知识结构。比如，“酿造”一词的输入伴随着“酿蜜”“酿酒”的意义和概念，扩大和丰富了原来的心理词典中“打造、建造、构造、编造、创造、制造”等词形成的词族体系。

2. 世界知识

人类由于认知活动的不断扩大和深入，储存和积累了丰富的、大量的、渊博的自然科学和社会科学知识，包括物理的、化学的、天文的、地

---

① ［美］罗伯特 • L. 索尔索. 认知心理学 [M]. 黄希庭，等译. 北京：教育科学出版社，1990：9-10.
② 同上。

理的、动物的、植物的、历史的、政治的、经济的、语言的、文化的、科技的等等，这些知识统称世界知识。这些世界知识是学习语言必不可少的。在汉语中，词语的意义搭配就得靠世界知识的支撑。比如，气温说“高低”，不说“大小”；高山说“峻峭”，不说“开阔”；建筑说“雄伟”，不说“雄壮”；等等。汉语水平考试（HSK）测定的虽是汉语的听力、阅读和综合应用等水平，但包含在语言之中的却是大量的、各方面的知识。如果缺乏世界知识，我们就可能看不明白或理解不了考试的内容。学生对某方面的知识（如学校生活、音乐、体育、旅游胜地等）比较熟悉，题目中若有这方面的内容就很容易明白和理解；对某方面的知识（如经济、历史等）比较生疏，题目中若涉及相应的内容，他们理解起来就比较吃力。

语言知识也是世界知识的一部分。它是汉语作为第二语言学习最为直接的知识。儿童学话，因为没有语言知识，只能从模仿大人说话中习得。成年人因为有母语的语言知识，或者有学习外语的语言知识，所以能在短时期内掌握汉语，这得益于不同语言的语音知识、词语知识、语法知识可以相互借鉴和迁移。

语境知识是理解语料意思最为有效的知识，也是话语说得得体和贴切的重要因素。比如“潦草”一词，原义是“写字不工整”，但在“办事不能马虎潦草”的句子中没有“不工整”的含义，但学生能体会出这个词语含有“不认真、不仔细”的意思，就是从上下文的语境中推想出来的。又如，“光临”一词是表示欢迎客人或顾客来的敬辞，但如果不分场合，用这个词说自己来到什么地方（如“我光临商店”），那就很不贴切了。

生活经验是一种非常有用的常识，与听力和阅读理解有着直接的关系。比如生活在东南亚的学生没有感受过冬天北风的寒冷，因而对“寒风刺骨”一词的理解和体会不深刻；但是当他们冬天到中国的北方去旅游，饱尝寒风凛冽的苦楚后，就能真正理解和体会这个词语的形象和生动了。

学生对语言特有的感受直接影响语言学习的速度和效果。有的外国学生有语言学习的经验和天赋，他们往往在学习汉语前已经学过一种或多种外语，这些语言学习经验有助于他们对汉语的认知和掌握；而有的学生缺乏这方面的经验和接受能力，他们汉语知识及技能的转化就会比其他同学迟缓一些。

第二节　汉语作为第二语言学习的过程

汉语作为第二语言的学习，有看得见的学习活动，那是学习的外显行为；也有看不见的学习活动，那是学习的内部运作。行为主义心理学只阐述学习的外显行为，注重“刺激—反应”；认知心理学讲求学习的内隐活动，努力揭示内部运作的规律，以便更为有效地学习和认知所学的语言。

一、学习的外显行为

所谓学习的外显行为是指看得见、听得到、摸得着的学习活动。它包括两个方面：学什么（学习的内容）和学得怎样（学习的效果）。

汉语作为第二语言学习，学习的内容自然包括知识性和技能性这两个既有区别又有联系的方面。知识性的内容包括汉语的语音知识、词语知识、语法规则，以及汉语所蕴含的文化常识。技能性的内容包括听、说、读、写四项基本技能。课堂教学是汉语作为第二语言学习的基本形式。课本中的生词（包括词语例释）、课文、语法、注释、练习等都是基本的学习内容。

要了解学习的效果怎样，知识内容是否为学生所记住，所学的知识是否已经转化为听、说、读、写的技能，就得靠测试和反馈。测试（书面的或口头的）可以衡量和评估学生的学习成绩、学习水平和学习质量，教师据此可以调整和增删学习内容。

以上所说的是就一篇课文、一个学习单元或一个学期的教学而言。如果小而言之，课堂上的一个词语、一条语法规则的学习也是外显的学习活动。比如，学生学完“便宜”这个词，注意到了它的字形、读音、意义及用法以后，就看他在练习（包括书面练习和口头练习）中能否念得出、写得出、用得上。如果学生能说出“上海的东西很便宜”，说明他已经掌握了；如果学生说出“上海便宜东西”，说明他半懂不懂；如果学生说出“便宜下雨”，说明他完全不懂。学习的内容是既定的，学习的效果是可以耳闻目睹的，所以称它为外显行为。心理学上把学习的内容叫作刺激（stimulus），用S替代；把学习的效果叫作反应（response），用R表示。

两者连起来就是S—R，这就是行为主义心理学"刺激—反应"的著名公式。根据行为主义心理学学说，学习就是不断地进行"刺激—反应"的过程。

二、学习的内部运作

S—R（刺激—反应）是行为主义心理学的典型公式，但学习者从接受刺激到最后做出反应，中间究竟是怎么运作的呢？早期的行为主义心理学没有回答这个问题。经过研究和实践，心理学界有了S—O—R（stimulus-organism-response law）这样的公式出现。这里的O（organism）指的就是内部运作，也就是学习者的认知系统。它包括有限的传递系统、认知策略系统、知识系统和自我监控的认知系统，如图2-3[①]所示。

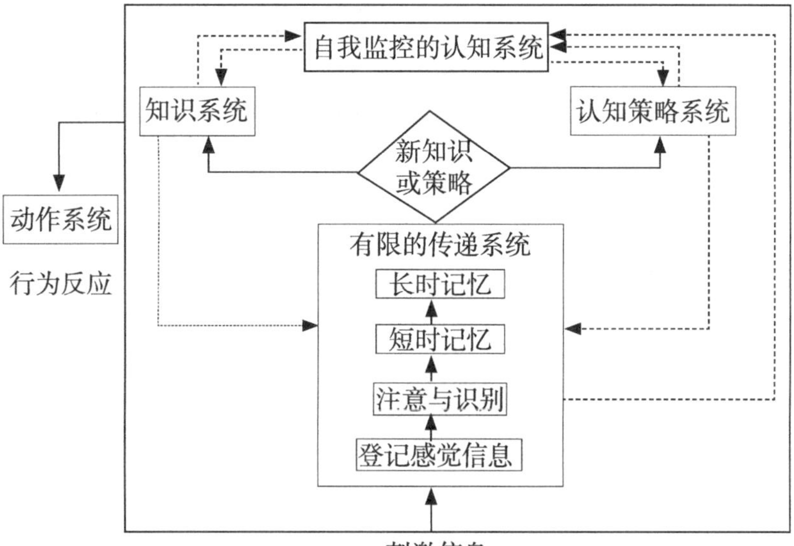

图2-3 学习者的认知系统

有限的传递系统是接收外界信息的核心系统。它由登记感觉信息、注意与识别、短时记忆、长时记忆组成。比如，有两个句子"他顽强地坚持下去"和"他顽固地坚持自己的看法"，先后作为刺激信息输入有限的传递系统；经过感觉登记，加上注意与识别，传递到了短时记忆；信息在短

① 李维. 认知心理学研究 [M]. 杭州：浙江人民出版社，1998.

时记忆中进行编码，转化为传递符号，并反复再现，进入长时记忆；长时记忆把符号复原为词语和句子，并把它们分门别类地储存到知识系统（如词语归入心理词典，句子归入句型）中。

登记的感觉信息要不要加以注意与识别，怎样编码（比如，根据词语的音、形、义编为传递符号——语音码、空间码、语义码，或根据词序先后进行线性的空间编码），要不要再现（多次反复地出现），等等，这些认知活动都受认知策略系统的指导和支配。可见，学生的认知策略系统的作用是采取有效的学习手段和学习方法获取最佳的学习效果。

在这两个句子信息的传递过程中，学生的知识系统作用其间。比如，登记过的感觉信息，它们是新知还是旧知，可以遗忘还是必须储存，可以保持原有的知识结构还是要部分地改变知识结构，等等，这些都需要知识系统配合认知策略系统做出选择。另外，对于传入长时记忆中的信息，知识系统起着整合的作用。比如，学生根据过去学过的知识（如"坚持"的词性、"顽固""顽强"的修饰作用、主谓补和主谓宾句型等），整合新输入的信息，从而正确理解这两个句子的意思。可见，学生的知识系统是理解语言信息和输出语言信息的宝库。

凌驾于有限的传递系统、认知策略系统、知识系统之上的是自我监控的认知系统，信息的传递、策略的采用和知识的提取都受其监测和控制。比如，学生的知识系统中已明确"顽强"是"坚强，不肯退让"的意思，"顽固"是"思想保守、不易改变"的意思，那么如果学生把"他顽固地坚持自己的看法"中的"顽固"理解为"顽强"，系统就会自我监控，要求知识系统重新寻找它的确切意义；如果学生说了"他太顽强了，别人的话都听不进去"这样的话，监测系统就会告诉他这里的"顽强"用错了，并要求知识系统提取和更换更为确切的词语——"顽固"。

第三节　汉语作为第二语言学习的知识和技能掌握

汉语作为第二语言学习的知识掌握有一个分层级的渐进过程，其认知活动一般要经历理解、巩固、记忆和积累四个阶段；汉语作为第二语言学习的技能形成和掌握也要经历认知、联系形成和自动化三个阶段。我们了解这方面的原理和规律，便于自觉创造内外部的条件，促成知识和技能的掌握。

一、汉语作为第二语言学习的知识掌握

外国学生要掌握汉语知识，必须遵循知识学习的心理层级，分阶段地进行，同时也要符合“理解→巩固→记忆→积累”的心理活动过程。这样才能牢固地掌握汉语知识。

（一）知识学习的层级

知识的掌握是一个由浅到深、由简单到复杂、循序渐进、逐步积累的过程。这个过程可以分为几个阶段进行，尽管这几个阶段之间是很难具体划分的。心理学家加涅（Gagné）提出了四种智慧技能及其层级关系，如图2-4[①]所示。

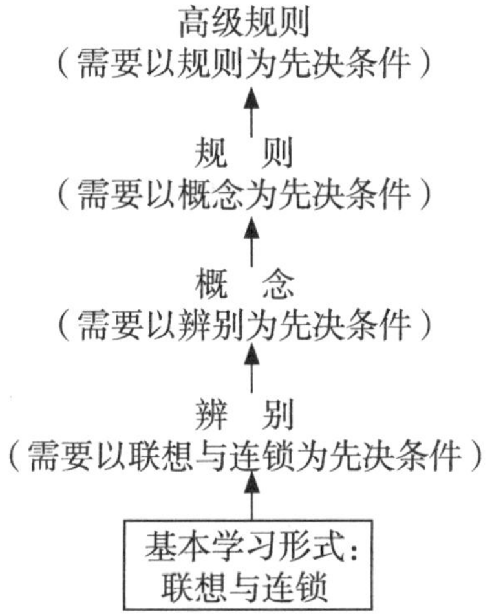

图2-4　加涅的四种智慧技能及其层级关系

1. 辨别

联想与连锁是基本的学习形式，它属于“刺激—反应”条件反射式的机械学习范畴。比如踩到脏物马上做出收脚的连锁反应，接收到“污染”一词马上联想到烟囱冒黑烟。在这种“刺激—反应”学习基础上，学习者形成最低级的智慧技能——辨别。辨别指发现事物或符号之间的差别。比

① 邵瑞珍. 学与教的心理学 [M]. 上海：华东师范大学出版社，1990：69.

如，一般两岁的孩子能够分辨苹果和橘子的形状和味道，三岁的孩子能够辨认和读出英语或汉语拼音的部分字母，小学生通过联想能够分辨词语“污染”和“污泥”的差异：“污染”是冒黑烟、排放废水形成的，“污泥”是黑色的泥土。

2. 概念

在辨别的基础上形成概念。同一类事物经过多次的观察和接触，它们的共同特征就会在头脑中得到反映。比如“手套”和“袜子”，尽管在质地上（布的或纱的）和用途上（保护皮肤或防寒）有很多相像的地方，但前者是套在手上的，后者是穿在脚上的。这就是两者的本质区别。所以我们可以说，概念是同类事物的共同本质特征的反映。换句话说，抓住了某类事物的共同本质特征也就掌握了该事物的概念。概念有两类，一类是具体概念，通过观察可以获得，像上面说的“手套”和“袜子”之类的日常概念。另一类是定义性概念，它们是不能通过观察获得的，必须用定义来揭示。比如“利率”，我们虽然到银行就能看到显示屏上公布的各种利率，但很难形成具体的概念。如果用定义“利息与本金的比率”来揭示，那就比较清楚了。当然，我们要形成“利率”这个概念，首先要观察并获得“利息”和“本金”这两个具体概念，才能理解“利率”的定义。在汉语作为第二语言教学中，许多词语的解释不能用实物来联想，只能用定义来揭示其含义，如“勇敢”“刚毅”“误会”等；有的词语意义比较模糊，如“料峭”（词典说形容微寒）、“炽热”（词典说极热），只能放在具体句子中去体会和领悟。

3. 规则

在概念的基础上可以获得再高一级的智慧技能，即规则。所谓规则，指的是公式、定律、法则、原理等，它是大量例证的抽象概括。规则的讲述必然要涉及若干概念及概念之间的关系，一般以命题的形式呈现。比如，汉语中有些词语，像“傻里傻气、土里土气、糊里糊涂、古里古怪、马里马虎、俗里俗气”，都带点儿贬义，据此我们可概括为：双音节形容词AB，用“里”构成A里AB，含有贬义。这一规则里有“双音节”“形容词”“构成”“贬义”等概念。这些概念的排列显示了一定的关系，它们组合成一组命题（一个命题由一个主项和一个谓项构成）：双音节形容词是AB，AB可用“里”构成A里AB，A里AB含有贬义。掌握了这一规则，学生就能接受和演化出更多的同类词语，如“啰里啰唆、笼里笼统、莽里莽撞、毛里毛糙、流里流气、娇里娇气”等。

规则有上位和下位之分。例如，形容词AB（啰唆）是上位规则，它们的重叠式AABB（啰啰唆唆）及A里AB（啰里啰唆）都是下位规则。

规则的学习和掌握需要具备内外两方面的条件。内部条件是学习者对构成规则的概念已经掌握。比如，只有明确形容词、贬义、重叠等概念，才能学习A里AB的规则。外部条件是指导和反馈。比如，学习者从教师的指导或书本上的说明中知道A里AB的词语含有贬义，在运用这个规则推衍同类词语时，说“轻里轻松、漂里漂亮”会得到教师（或他人）的否定反馈，因为它们不含贬义；说“老里老气、肮里肮脏”会得到教师（或他人）的肯定反馈，因为它们含有贬义。有了指导和反馈，学习者才能掌握规则。

4. 高级规则

我们在概念和规则的基础上可以获得更高一级的智慧技能——高级规则。所谓高级规则是指将学过的简单规则加以重新组合而得到的新的规则，以应用于范围更为广泛的具体情境。比如，数学中的加法、减法、乘法、除法都有各自的简单规则，如果把加减乘除四项综合在一起进行计算，就需要运用先乘除后加减的规则。这种由几个简单规则合并而重新组合成的高级复杂规则，不仅扩大了规则使用的涵盖面，而且加深了规则的本质特征，它可以减少记忆的容量，有助于规则的保持和回忆。

（二）知识学习的心理过程

知识的学习和掌握，一般都要经历理解、巩固、记忆和积累的心理过程。

1. 理解

知识理解是外界知识信息传递至大脑，大脑的信息加工器调动旧知识对新知识进行分析和整合，从而得以领会和理解的过程。比如学生学习和理解生词“居中”时，就有以往学过的“居住”“居留”等词语知识，以及与之对应的英语母语词reside、live等的参与。学生学习和理解语法规则“数量补语”（如“他来过一次”）时头脑里就会出现先前学过的程度补语（如“她穿得很漂亮”）等知识进行对照。而对课本中有关文化知识的学习，更是必须调动已学的词语和语法知识，以及已有的文化知识基础，透过字面领会其中的意思和含义，才能理解。

2. 巩固

知识的巩固就是保持知识不被遗忘。教师的讲解、书本上的说明，学习者当时可能理解了，但过后又遗忘了。例如，学习词语“果然”，教师解释（或书本上说明）“表示事实与所说的或所预料的相符，有‘真的、确实’的意思”，并举了几个例子，如“天气预报说今天下午下雨，果然午饭后下起了小雨”，学习者似乎已经懂了，但过后就会出现不同的情况：有些话已经从头脑中消失（如定义式的解说），有些句子只在头脑里留下一些笼统的印象（如例句），只有核心知识部分才隐隐约约地留存在大脑中（如“相当于‘真的、确实’的意思”）。这是因为传递知识信息的神经元之间的突触联系尚不紧密，大脑皮层有关这方面的痕迹较浅，印象不深刻。外部表现就是刚学的知识正在消退或遗忘。因此，及时的巩固是保持知识不被遗忘的最好举措。课堂教学中教师的小结、巩固性的提问（如问词语的含义）和练习（如造句），就是为巩固知识而采取的措施。

3. 记忆

巩固知识是为了加深记忆。前面说过，大脑的记忆系统有三级。知识信息经过感觉登记，最先进入的就是第一级记忆（即短时记忆）。由于短时记忆的容量小，储存时间短，学生常会发生“前听后忘”或“前读后忘”的现象（如课文中有30个生词，学生学到后面的生词时，前面的已经记不清了）。所谓“过目不忘”那是极为罕见的。最为有效的办法就是把知识迅速输入容量较大、储存时间长久的第二、三级记忆（即长时记忆）。要把第一级记忆中的知识移入第二、三级记忆，其先决条件是知识的反复刺激，在课堂和书本上重复地出现（即再现），或者让学生反复地辨认和应用（即再认）。也就是说，让传递信息的神经元之间的突触有紧密而频繁的联系。这样就可以在大脑皮质上深深地刻下痕迹，留下深刻的印象。以后需要用到这些知识时，我们就能想得起来（即能匹配）并能拿出来用（即能提取），也就是在书面阅读时能辨认和理解，在口头表达时能用它造句表达。

4. 积累

随着知识进入第二、三级记忆，积累的知识越来越多，如果杂乱无章地任意堆放，则应用时就很难寻觅，它们必须像图书馆的书籍那样分类、编号、上架才方便检索。大脑知识系统中的知识是有序的、相互联系的。它们犹如一张大网，有连线，有节点。节点是知识，连线是知识之间的联系。由此，我们把大脑的知识结构比喻为有大小层级的网络结构。例如：

- 生活
  - 饮食
    - 茶
      - 品种
        - 红茶：乌龙茶……
        - 绿茶：龙井茶……
      - 茶具
        - 茶壶：紫砂壶、瓷壶、铜壶、铝壶……
        - 茶杯：紫砂杯、瓷杯、玻璃杯……
      - 茶道
        - 沏茶：开水、泉水……
        - 品尝：清香、味醇……
      - 功用
        - 提神、去暑、生津、解渴……
    - 烟……
    - 酒……
    - 糖……
  - 交通……
  - 服饰……
  - 住房……

有关“茶”的知识与“烟、酒、糖”等知识是同位的概念，它们之间是同位关系。“茶、烟”等知识是属于“饮食”部分的，它们之间是下位与上位的关系。“衣食住行”的知识又是属于“生活”部分的，它们之间是下位与上位的关系。“茶”知识还可以分出多种小类，它们之间是上位与下位的关系。可见，头脑里的知识是纵横交错地联系在一起的。

二、汉语作为第二语言学习的技能掌握

汉语作为第二语言学习的知识有语音、词汇、语法、语篇等方面，汉语作为第二语言学习的技能有听力、口语、阅读和写作等方面。

（一）汉语作为第二语言学习的技能的基本特征

汉语作为第二语言学习的技能是听说读写，或者说汉语知识在听说读写诸方面的操作和应用。所谓汉语技能的掌握，就是指能运用汉语知识进行听说读写的熟练操作和应用。熟练操作和应用的基本特征体现在下列几个方面。

1. 迅即反应

知识的接收是输入，知识的应用是输出。听说读写每一种技能的运用过程实际上就是对所输入的知识信息的反应。这个过程叫作知觉—动作的信息加工过程，有五个步骤，如图2-5所示。

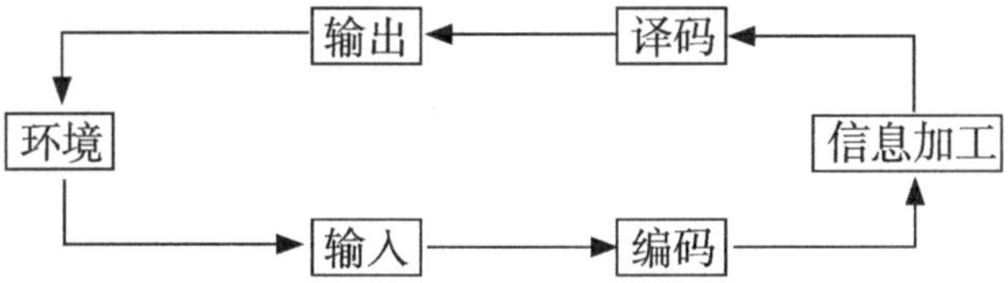

图2-5　知觉—动作的信息加工过程

比如，外界的句子信息"你购买的新楼年底能交付使用吗？"通过感觉（视觉或听觉）输入大脑。在短时记忆中，信息被编码和转化成符号，并在长时记忆中进行信息加工，整合为概念和命题，从而得以理解。在理解的基础上，学习者要运用联想和思维做出反应并答复"我购买的新楼年底交付使用没有问题"。这个答复经过译码转化为神经冲动，再由神经冲动引起肌肉活动（口说或手写）输出。初学者理解上述的句子信息需要很多小步骤。例如，学习者要先理解"购买、新楼、年底、交付、使用"等词语的概念，同时要弄清"购买"和"新楼"的关系、"新楼"和"使用"的关系、"年底"和"交付"的关系，然后才能分析出其中的一些命题，如"新楼，我购买""新楼能使用""年底能交付"，经过整合才能完整准确地理解句子的意思，继而再考虑如何反应和回答。其间，学习者要经过比较长的思索和推理过程。但随着实践和练习的增多，尤其是组块知识的积累和掌握，学习者对句子的理解不用再经过那么仔细的推敲，可以两步甚至一步就完成，也就是能迅即做出反应和答复。所以，迅即反应是学习者熟练掌握技能的标志之一。

2. 善用线索

情境线索有利于听说读写技能的发挥。听人说话或收看电视节目，因为有具体情境（大致知道讲话的内容），我们就容易听懂；在一定的场合中对人说话，因为有语境可资利用，我们就容易说清楚；阅读文章，因为文章本身有情节和上下文语境，我们也容易理解；创作文章，因为有一定的故事和内容为基础，我们就更容易构思和遣词造句。汉语听说读写技能的熟练者往往善于利用线索，而善用线索反过来又能促进技能的进一步熟练掌握，两者互相成就。比如，学习者学习和理解了“灯火辉煌”和“战果辉煌”这两个词语中的“辉煌”，除了把“光辉”“盛大”的含义存入大脑记忆库外，还把其使用的情境“灯火一片通明”和“成绩非常突出”一起存进去了。现实生活中如果出现了如国庆节的外滩或运动会这样的情境，学习者就可以把它们作为线索，从记忆库中搜寻和提取出“辉煌”来进行描述，说（或写）出“国庆之夜的外滩一片辉煌”“运动会上，我们班级取得了辉煌的成绩”等。由此可见，善用线索也是技能熟练的表现。

3. 自我纠错

在运用听说读写技能的过程中，学习者理解错、说错、写错往往在所难免。初学汉语者由于技能不熟练，使用某项技能时是对还是错，自己也把握不准；即使知道错了，也无法自行更正。比如，初学者常常说“我下棋他”“请你帮忙我” 这样的话，而且一错再错，很难纠正。这是因为他们建立了不正确的程序且缺乏自我监控的能力。而技能熟练者，一则对动宾结构的离合词，如“道谢、见面、分手、握手、散步、毕业”等不能再带宾语的性质比较熟悉；二则对介词的用法也比较清楚，因而在说话和写作中，他们的监控系统能够充分地履行其职责，说出或写出正确的话语，如“我们向他们道谢”“我们在草地上散步”“你是从这个学校毕业的吗？”等等。即使偶尔说错或写错（如“我们道谢他”“你毕业这个学校吗？”），他们也能在监控系统的作用下进行自我纠错。

4. 程序控制

汉语的听说读写技能集中地表现在遣词造句上。初学的生词和语法规则在应用时常常不能得心应手，这就是技能生疏的表现。随着练习的增多，学习者开始慢慢驾驭这些词语和语法规则的用法，练习多了，就形成了一套程序。程序本身会引导学习者去完成句子，而且速度快，准确率高，其熟练程度几乎达到了自动化。

（二）技能形成

技能形成可分为三个阶段：认知阶段、联系形成阶段、自动化阶段。

1. 认知阶段

学习者通过教师的言语讲解、书本的说明，以及对别人的动作示范（包括读拼音、说汉语、写汉字等）的观察，逐步理解做某种动作的要领和要求，这就是动作技能形成的认知阶段。比如，学游泳要先学会呼吸、屏气，以及手脚配合等；学驾车必须先知道方向盘、控制装置、仪表的功能和作用，学会手脚配合等；学念拼音，应先熟悉声母、韵母、声调，以及发音部位和方法；学写汉字，应先了解汉字的笔画、笔顺、间架结构，以及起笔、收笔等动作；学说汉语，需先识记汉语词语、句法结构，以及语气、语调等。这个阶段还只停留在理性知识的认知上，尚未真正地进行实践，学习者也可能尝试做某些局部的动作（包括言语行为），但那只是简单地模仿而已。

2. 联系形成阶段

学习者努力使一定的刺激与反应形成联系，在刺激与反应之间建立起联系。尽管有时动作比较简单，但要形成这种联系却很复杂，必须经过多次的练习方能达到。语言学习的技能形成更是如此。比如，学生看到“今天打扫教室”，马上能念出“jīntiān dǎsǎo jiàoshì”，而且立刻去拿拖把、扫帚准备打扫。从刺激到动作的反应，这个过程看起来很直接，其实有许多环节和步骤：先视觉接收“今天打扫教室”的汉字信息输入大脑，大脑从长时记忆中提取同“今天”“打扫”“教室”相似的模式与外界信息匹配，同时从心理词典中提取这几个词的读音，再从语义网络中提取和整合这几个词的意义并形成指令，促使口腔或手部肌肉运动。这种联系不是一蹴而就的，而是经过无数次的刺激—反应建立起来的。

这一阶段的特点是技能的局部动作被整合成更大的单位，最后形成连贯动作（一个动作完成，紧接着开始另一个动作）。

3. 自动化阶段

学习者进入自动化阶段，一系列动作已成为一个有机整体固定下来，学习者按照固定的序列进行动作，不用耗费太多脑力。比如，驾车者能够边开车边交谈，这就是开车技能自动化的表现。再如，汉语学习达到一定程度后，学习者能熟练地阅读文章中的句子，能听懂广播中的每一句话，能说出头脑里想说的话，能遣词造句写出几百字的短文，等等。除了一些难词难句需要排除和跳越外，大部分的听说读写的技能动作都可自动完成，无须特别注意和纠正。这说明学习者的技能动作已进入自动化阶段。

（三）技能的保持和迁移

技能的掌握跟知识学习一样，也有保持和迁移的问题。

1. 技能的保持

学习的知识必须定期复现，才能储存于大脑；储存于大脑的知识必须经常应用，才能避免被遗忘。技能也是如此，只有反复地练习和应用才能保持。保持技能比较好的方法是：

（1）过度学习。从学习技能到掌握技能，中间必须经过大量的、反复的练习，才能建立起刺激—反应的联系。这叫作过度学习。凡是经过过度学习的技能一般都经久不忘。比如掌握了游泳或驾车的技能，即使我们几年没游泳或驾车，也仍然能游会开，或许开始时有点儿生疏，但几分钟后便能应付自如。外国人学习汉语，如果达到能跟中国人自由交流的水平，即使回国几年没怎么使用汉语，一旦有机会使用汉语，重新使用起来也是很容易的。

（2）动作连续。技能常常是以连续的动作组合起来的。连续的动作分解开来往往都比较简单，不易遗忘。比如，西方人学习用筷子夹菜：三个手指分工拿住筷子——运用手指的力度和方向打开筷子——夹住目的物——手臂和手指移动，把目的物移向自己的盘子——松开手指和筷子，让目的物落下。这些动作都是连续的行为，练习几次就能掌握，且不会忘记，因为第一个动作做完，就会联系到第二个动作，第二个动作进行时，就会联系到第三个动作。这种关联关系有利于技能的保持。但是，如果几个动作是孤立的，没有关联的，就遗忘得很快。比如，学习者认读和书写汉字“赛”，虽然认知的是同一个汉字，但认读的动作与书写的动作不是连续的，是孤立的，它们各有自己的一套程序，因而学习过后，学习者常会出现读出其音sài却写不出其形，或者写出了其形而忘了其音的情形。

2. 技能的迁移

技能动作的迁移有正迁移和负迁移。

（1）正迁移。一种技能动作对学习和掌握另一种技能动作有帮助和促进作用叫正迁移。日常生活和学习中正迁移的事例很多，比如，骑摩托车的人比较容易掌握驾驶汽车的技能，因为处理机械的技能比较相似；会拉小提琴的人，比较容易学会弹吉他，因为左手指按弦的技巧和把位的移动比较相似。欧美学生学习汉语拼音，对韵母、声母的发音技巧掌握较好，因为母语的发音技能有助于汉语拼音技能的掌握；但由于英语中只有重音，没有声调，也就是没有高低升降等发音技能的正迁移，所以欧美学生的声调掌握就较差。

（2）负迁移。旧的技能动作对新的技能动作的学习和掌握起干扰和消极作用叫负迁移。比如，开小车的人不容易开大型载重汽车，因为车身的长短和车子的载重量不是开惯小车的人所能适应的；电脑打字习惯于使用全拼的人很难掌握五笔打字法，因为两者对键盘的设置和分配相差太大，容易互相干扰；日本学生发汉语拼音zh、ch、sh时常念成j、q、x，如“是”念成“西”，就是受到了日语发音的干扰和影响。

（四）技能形成的条件

每个人技能学习和掌握的速度都不一样，有的人技能形成快，有的人技能发挥正确率高，有的人容易出错。究其原因，有内外部条件和因素影响。

1. 内部条件和因素

一个人的成熟、经验和个性跟技能的形成和掌握有很大关系。

（1）成熟。成熟是年龄增长和智力发展到一定阶段的表现。一般来说，学习者年龄幼小、智力尚未充分发展的阶段只适宜做一些简单的操作，如玩积木、骑小三轮车、敲小鼓等；随着年龄的增长和智力的逐步发展，他们能逐渐学习和掌握略微复杂的动作，如骑自行车、玩游戏机等；到了成熟阶段，他们就能学习和掌握偏理解性的技能动作，如使用电脑、研制航模等。当然，这不是绝对的，有些竞技项目如游泳、滑冰、体操等，训练越早掌握得越好。学习外语的听说技能，儿童往往比大人掌握得好，不过因为完全依靠模仿，所需的时间较长；而大人学习外语，尽管困难，但因为智力上比较成熟，可在较短时间内突击掌握。

（2）经验。经验是由实践得来的知识和技能的积累。所谓经验丰富，指的就是积累的知识和技能既多且广。有的经验可直接运用于动作技能的学习和掌握，比如骑自行车的经验可迁移到学骑摩托车上，打游戏机的经验有助于电脑的使用。有的经验可间接地作用于动作技能的学习和掌握，比如滑冰时总结出的掌握平衡的经验有利于练习体操或骑摩托车，英文打字的经验有助于中文打字技能的掌握。

经验与成熟有密切关系。经验积累越多，人也越成熟；人比较成熟，更易在实践中总结经验。两者相辅相成，促进技能的形成。

（3）个性。人的个性对动作技能的学习和掌握也有一定的影响。个性不同，即使进行同一种技能动作，也会有行为方式上的不同。比如同样练习打乒乓球，有人握直拍，以快攻见长；有人握横拍，以削守为主。

个性的外向型和内向型在一定程度上也会影响动作技能的学习和掌握。外向型的人极易兴奋，很难抑制；内向型的人兴奋过程弱且短，抑制过程长。表现在学习动作技能上，外向型的人勇于实践，讲究行动的速度和效率；内向型的人比较拘谨，讲求动作的精细和准确。比如在学习汉语的过程中，有的人敢开口，急于用汉语交流，尽管话语中偏误较多也不在意；有的人虽然在开口说话上比较退缩，但一旦说话，遣词造句就比较准确。这就是外向型和内向型个性在学习技能上所形成的差异。

2. 外部条件和因素

影响技能形成的外部条件和因素主要是指导和反馈。

（1）指导。在学习动作技能的过程中，学习者往往只能觉察自身的一部分动作，而得到旁人（教师或教练等）的指点和评价，就可以了解自身动作技能的全貌和问题，并及时得到修正。指导有语言指导，如学习射击时指导者在一旁讲述射击的要领和姿势；示范指导，如指导者做射击示范，同时讲解要领和注意事项；视听指导，如观看射击的分解动作。

（2）反馈。学习者在练习动作技能的过程中，每次练习都能得到反馈信息，从而知道自己的进步和不足，有效地促进技能的学习和掌握。反馈信息有的来自对自己行为结果的了解，有的来自教师和旁观者的评价，有的来自照相机或摄像机的记录。比如在动作学习的初期，学习者主要依靠自己对行为结果的了解（如投篮是否命中等）改进自己的技能，但投篮的姿势和弹跳得靠教练或旁观者的指导。当然，用视频记录动作的全过程则能更明确地进行观察，并加以对照和改进。外国学生学习汉语的听说读写技能，除了依靠自身的监控和纠错外，及时得到教师和旁观者的反馈也能不断帮助他们提高。

本章小结

本章从汉语作为第二语言学习的生理基础和心理机制、过程及知识和技能掌握三个方面介绍汉语作为第二语言学习的心理基础。

大脑和人体的神经系统是语言学习的物质基础。语言学习的心理机制包含接收和输出信息的心理活动过程、心理活动的自动化过程及语言学习的认知基础。汉语作为第二语言的学习和认知正是在生理基础和心理机制这两个平台上进行的。

在汉语作为第二语言的学习过程部分，我们着重分析了学习的外显行为和内部运作。学习的外显行为包括学习内容和学习效果。学习的内部运作指的是学习者的认知系统，它包括有限的传递系统、认知策略系统、知识系统和自我监控的认知系统。

在汉语作为第二语言学习的知识和技能掌握部分，我们分别阐述了知识学习的心理层级与知识掌握所经历的理解、巩固、记忆和积累的心理过程，论证了技能熟练的基本特征及技能形成的认知、联系形成和自动化三个阶段。此外，技能还有保持和迁移的问题，技能形成也受内外部条件和因素的影响。

知识运用

1. 学生要认读教师写在黑板上的汉字“车”，他大脑内部的认知活动是如何展开的？
2. 以会话技能的形成为例，说明语言技能的形成所要经历的阶段。
3. 第二语言学习中的负迁移往往是外显的，我们通常能从错词、错句等偏误中发现并加以分析纠正；正迁移则往往是内隐的，我们应该如何充分发挥正迁移的作用呢？请举例说明。

第三章　汉语作为第二语言的感知和理解

在公众场合，如果有人要抽烟，那他很可能会经历这样一个过程：手指摸出香烟（触觉），点燃香烟（动觉），鼻子嗅到烟味（嗅觉），舌头有点儿辛辣（味觉），眼睛看到烟雾（视觉），耳朵听见周围人的责备声（听觉），等等。这些都是感觉。因而可以说，感觉是由感觉器官的刺激引起的主观经验。人们感觉和发现有人在什么地方抽烟，就是由各类感觉相互联系和综合的结果。这可称为知觉。可见，感觉具有个别特性（如感觉到声音、颜色、气味等），知觉具有整体特性（如感知到抽烟）。当"禁止吸烟"的标志牌或字符通过神经传入抽烟者大脑的相应部位，大脑会对之进行初步的分析和综合（即知觉），并进行思维推理，抽烟者从而懂得这些字符的含义（即理解），并马上采取熄烟的行动（即反应）。从这个实例中，我们可以得知：知觉与理解关系密切，信息一经感知立即被理解，二者之间很难划分出阶段和层次；言语的感知跟实物的感知一样，可归结为第一信号系统的活动过程；言语的理解是第二信号系统的活动过程，它依赖于符号或语词的刺激。可以说，感知是感性的理解，但直觉感知不是真正的理解，只是理解的感性基础。

第一节　汉语作为第二语言的感知

在汉语作为第二语言的学习中，音素、音节、语音流的学习需要学习者动用听觉去接收和辨别，汉语的字形和词形的学习需要学习者动用视觉去观察和判断，而用汉语说话和写作则需要学习者的动觉的参与。然而，仅凭某种单一的感觉只能获得局部的、浅表的信息，只有经过大脑的加工，将几种感觉联系起来综合成为知觉，我们才能把外界的语言刺激信息上升为知识，并得以理解或储存。因而明确感觉和知觉的区别与联系，对理解汉语作为第二语言的感知具有相当重要的意义。

一、感觉在第二语言感知中的作用

感觉有听觉（接受声音刺激）、视觉（接受光线刺激）、嗅觉（接受气味刺激）、味觉（接受食物、液体等刺激）、触觉（接受冷热、压力、伤害等刺激）和动觉（接受身体位置变化和运动刺激）等，而跟言语知觉联系最为直接和紧密的是听觉、视觉和动觉。

（一）听觉

声波作用于耳朵中的听觉感受器——内耳中的柯蒂氏器上的毛细胞，产生听觉。语言中与听觉有关的要素主要是语音和韵律。

1. 语音

与语言有关的听觉是语音听觉。语音是人体肺部呼出的空气流，经气管，通过声带的松紧和口腔或鼻腔的共鸣而产生的。语音在空气中传播，听觉所接收的就是这种携带声音信息的声波，它具有音高、音强、音长和音色等一般声波的声学特性。

（1）音高。音高指声音的高低，由声音的振动频率决定。振动次数多，频率高，声音也高；反之，声音就低。一般来说，男人的声音低，女人的声音高，儿童的声音尖。他们同样说一个“行”，虽然声音的高低变化不影响词义的理解，但是可以构成不同的语调，在一定的语境中影响言语意义。比如，“行！”为降调，表示肯定；“行？”为升调，表示疑问。

（2）音强。音强指声音的强度（或叫响度），与声波的振幅有关。振幅越大，声音越强（响）；反之，声音就弱（轻）。一般来说，话语的轻重并不改变语义。但在言语交际中，说话声音的强度有时也能传达一定的思想感情。比如，在电影院看电影或音乐厅听音乐时有人高声说话，旁边人低声说“不要讲话”，带有劝告、提醒的意味；如果大声说“不要讲话”，显然带有发怒或气愤的意味了。

（3）音长。音长指声音的长短，取决于发音体振动的时间长短，振动时间长，声音就长；反之，声音就短。音长在有些语言中有区别词义的作用。例如英语中的i在sheep[ʃi:p]（羊）中念长音，在ship[ʃip]（船）中念短音。在汉语中，“啊”发短音时一般表示应答，发长音时则往往表示沉吟。

（4）音色。音色指嗓音音质的特色，取决于声波的振动形式。语音是由基音（频率最低而振幅最大的音，比如每秒振动100次）和陪音（成倍地高于基音的频率，比如每秒振动300、600、1200次不等）复合而成的。由于内含的共振峰（即具有最大振幅的陪音）的频率和数量不同，所以形成不同的语音。人们可以根据言语中每个音的音色区别不同的词。每种音色在实际发音中可能有细微的差别（音位属性），但听觉还是能够认同的，这叫作音位听觉，也就是言语听觉。比如，kàn（看）中的[a]和kào（靠）中的[ɑ]，仔细体会是有细微差异的，但它们属于同一个音位。

2. 韵律

韵律包括语调、重音、节奏等。它们是声音的频率、振幅、时间等因素的变化在言语中的反映。

（1）语调。语调指音调变化而形成的旋律模式。对于汉语来说，除了每个字原有的声调外，整个句子还有抑扬顿挫的句调。有的句子音高逐渐上升（如“他已经来过？”），表示疑问；有的句子音高逐渐下降（如“他已经来过。”），是一般的叙述；有的句子音高平直（如“他匆匆地走了，没有留下什么话。”），表示沉稳、冷静；有的句子音高有曲折变化（如“他想笑，笑不出来；他想哭，也哭不出来：真正是哭笑不得！”），表示怀疑、嘲讽。这些音调变化的旋律模式就是语调。旋律模式可以传递句子所表达的意思，表明说话人的态度和情感。

汉语属于有声调语言，但声调指单字调，能区别词义或语素义；而语调贯穿整个句子，表达整句的意思和感情。两者的功能不同。

（2）重音。重音指多音节词中某一音节或一句话中某个词发音响度较大的现象。英语、俄语音节中的重音可以改变词的意义或词性，汉语的音节没有重音问题（只有在念轻声时显得前后的音略重些），主要是注意辨别句子中重读的词。汉语句子中有两种重音。一种是语法重音，即根据语法结构的特点而把句子中的某些部分重读。比如一般句子的谓语部分（黄继光站起来了）、名词前的定语（平凡的人干出了不平凡的事）、动词或形容词前的状语（歌手恭恭敬敬地向台下鞠了一躬）、动词后的补语（他普通话说得很流利）等。另一种是强调重音，没有一定的规律，视语境、感情表达的需要而对某一些部分加以重读。比如，“他在做作业”，强调某人；“他在做作业”，强调动作的对象；“他在做作业”，强调行为。

（3）节奏。节奏指话语的停顿次数和长度。停顿可把一句话分成若干个小段落，称为节拍或音步。比如，曙光／刚划破／雾纱笼罩的／黎明。句子做这样的划分和停顿是为了便于说话人朗读。说话人的话语节奏有助于听话人的听觉接收，对理解句子有很重要的意义。

（二）视觉

可见光波（波长为400—760纳米的电磁波）作用于眼球视网膜上的视细胞，产生视觉。语言的感知和理解跟空间视觉、眼动及注视这些视觉要素密切相关。

1. 空间视觉

空间视觉是对物体的形状、大小和距离的感觉。反映在语言知觉上，它有空间方位和线性排列两种：空间方位是关于物体在空间的位置的，线性排列是关于事件的先后顺序的。眼睛接触汉字的字形所引起的感觉（如“书”字），属于空间方位；眼睛扫视拉丁文字的先后字母所引起的感觉（如“book”），属于线性排列。当然，汉语的词在句子中的次序（横排）跟拼音文字一样，也属于线性排列的视觉。

2. 眼动

阅读是依赖眼睛的快速眼跳运动方式进行的。眼睛的跳动称为“眼动”。每次眼动之后是相对的静止，视线固定在某一点上称为“眼停”。眼动时，看到的东西甚少；眼停时，我们能获得大量的字词信息。人们能够清晰地感知阅读材料中的文字符号，主要依靠眼停。眼停的次数和眼停的持续时间，与阅读能力、阅读材料的难度及阅读要求有关。汉语作为第二语言学习者阅读汉语课文或语料，初级班学生的眼动次数明显高于中高级学生，而且需做反向眼动（即回视），因为他们要反复来回地看和读；

中高级学生遇到艰深的阅读材料时，眼停次数和持续时间也会增加。每次眼停，视觉器官的中央凹大概可以清晰地感觉到四个词。中央凹两旁的视觉叫“视野”，可以感觉到整体，但不甚清楚。一般来说，人每秒钟有五次眼跳，每次眼跳可以清楚地感觉到四个词，那么从理论上说，阅读的最大速度是一分钟阅读1200个词。但实际上，由于种种原因（阅读材料的深度和难度、阅读水平的高低、个体的个性和阅读习惯等），成人读者达不到这个速度，每分钟能阅读200—400个词已称得上是熟练的阅读者了。

3. 注视

注视实际上就是眼睛运动的停顿。眼停时间越长，注视越充分，就越能清晰地感觉到字母、词语或短语等，并对刺激做出反应，进行阅读的内部加工。注视实际上是阅读的暂停，将视线移向后续的文字信息，为再一次眼停时感觉字词创造条件。视觉感知的字词信息不是连续的，常常被划分为若干组块。比如有这样一段文字：“南方北方／的溶洞，／我看过／许多处，／觉得唯有／云南／建水县／的燕子洞／独具特色。”在阅读时，我们不是一眼就读完的，而是眼睛移动了多次，一组一组的字词分成几批被注视而进行阅读的。上述句中的斜线是根据眼动划分的，划分出来的单位不一定是音步或节奏。这些组块会由大脑重新组装成时间和空间上连续的视觉词，我们在大脑世界知识的监控、补充和影响下会重新理解连续视觉词的意义。

（三）动觉

动觉是身体运动和位置变化作用于肌梭、肌腱和关节中的神经末梢而产生的运动感觉。动觉中与言语知觉直接相关的是言语动觉和模仿发音运动。

1. 言语动觉

言语动觉来自发音器官。人们说话发音，空气从肺部发出，经过声道进入口腔或鼻腔：如果气流不受阻挡，发出的是元音（如汉语拼音ɑ、o、e、i、u、ü）；如果气流受阻，有的在双唇、齿龈、软腭部位完全阻塞后又突然爆破（如汉语拼音b、p、d、t、g、k），有的在唇齿或舌齿之间摩擦成音（如汉语拼音f、h、x、s、sh、r），有的是塞音和擦音的合音（如汉语拼音j、q、z、c、zh、ch），发出的都是辅音。言语动觉是由发音器官（声带、口腔等）的肌肉、肌腱和韧带内各种动觉感受器将信息传入大脑皮层后产生的感觉。人们常常凭这种言语动觉来感受自己说话的内容、过程和错误。比如，日本学生常把cànlàn（灿烂）念成cènlèn，纠正其读音就要依靠他们的言语动觉来监控。

2. 模仿发音运动

在言语交际中，不仅说话者能感受到自己的言语动觉，听话者在听话过程中也会有意或无意地模仿说话者的发音运动，产生肌肉运动信号，从而准确地听清对方的话语。人们在听话过程中，如果看得见对方的口型，就会不由自主地模仿对方口腔的肌肉运动，从而容易听懂对方的话语。这说明言语动觉从中起了一定的作用。

（四）言语知觉中各种感官的相互作用

言语听觉、言语视觉和言语动觉是相互配合、相互补充来感知言语的。

运用言语听觉听话时，听话者会模仿说话者的发音肌肉运动，从而提高辨音和审音的质量。另外，言语听觉还能唤起相应的视觉形象。比如，听到说姓zhū，我们马上会询问是“撇未朱”还是“言者诸”；听到说姓zhāng，我们立即会问是“弓长张”还是“立早章”；等等，人们必须依靠这些视觉的补充才能正确地感知所听到的信息。运用视觉阅读课文或语料时，阅读者常伴有嘴唇的开合和喉头的蠕动，这是言语动觉和言语视觉在一起阅读。

人们在说话交流时，还可凭借视觉了解客观情景，以听懂和理解对方的讲话。比如，在购买衣服、试穿衣服的情景中，听话人更容易听懂对方对衣服的尺寸、款式、颜色等的评价。人们讲话时的发音动作、面部表情、手势和身体姿势也能传递一定的信息，有助于我们感知言语。比如，人们在说“不是这么回事！”的同时摇手或摇头，脸上还露出皱眉或撇嘴等表情来否认。

感觉仅仅反映客体的个别属性，但知觉和理解是在综合个体各种属性的基础上产生的。因此，各种感官的相互作用对于言语知觉有着一定的认知意义。

二、汉语作为第二语言的言语知觉

知觉不同于感觉，它是由多种感觉综合与抽象而成，是大脑初步分析的结果。知觉是感觉和思维之间的一个重要环节，它对感觉材料进行加工，为思维准备条件。[①]因此，语言学习有敏锐的感觉固然重要，及时上升为知觉则更为关键。

（一）知觉

知觉是对客观事物表面现象或外部联系的综合反映。它同感觉一样，是由客观事物作用于感觉器官所引起的，但比感觉更为复杂，更为完整。人们认识事物的整体或联系是两个方面综合的结果：一个是感官的特殊察觉（具体的），一个是已具有的知识和经验的补充（抽象的）。比如隶书的“汉语”两字为视觉所察觉是因为大脑中对“汉语”两字已有宋体（“汉语”）和楷体（“汉语”）的知识，依赖这两种字体的笔画和间架结构，我们就能辨认出这两个隶书字是什么字。察觉隶书体字样尚属于感觉，而认出是什么字，则已上升为知觉。可以这么说，感觉是知觉的基础，知觉是感觉的深入。美国心理学家罗伯特 • L. 索尔索（Robert L. Solso）说：“在感觉层次上，信息是非常特殊的，而在解释层次上，信息通常是抽象的。我们对世界的看法是取决于我们（在抽象感觉中）所知道的和我们（在特殊感觉中）所感觉到的综合结果。”[②]因此，知识经验不同的人对同一事物的知觉常有所不同。例如，对草书“汉语”，有人认得出，有人认成别字，原因在于他们储存的汉字字体知识不同。

（二）知觉的基本特征

知觉具有整体性、选择性、理解性和恒常性的基本特征。

1. 知觉的整体性

小学三年级的孩子看着残缺的商店招牌“酉宀”，能认出是“酒家”

---

① ［美］罗伯特 • L. 索尔索. 认知心理学 [M]. 黄希庭，等译 . 北京：教育科学出版社，1990：26.

② ［美］罗伯特 • L. 索尔索. 认知心理学 [M]. 黄希庭，等译 . 北京：教育科学出版社，1990：26-27.

二字；看到广告牌上残缺的“广兄”，能知道本来是“庆祝”二字。这就是知觉的整体性特征在起作用。知觉是对当前事物的各种属性和各部分的整体反映。即使有时只感觉到某种事物的个别属性或主要特征（如“西宀”“广 兄”），我们也能根据以前的经验而知道它的其他属性或特征（如“氵、豕”“大、礻”），从而感知该事物（如“酒家”“庆祝”）。可见，知觉的整体性意味着知觉具有组织性和结构性。

2. 知觉的选择性

课堂上教师在黑板上写的白色粉笔字是学生的知觉对象，字帖黑底上面的白字或白底上面的黑字是习字者的知觉对象。这就是知觉的选择性。虽然作用于人们感觉器官上的客观事物多种多样，但人在同一时间内是不可能感受那么多的刺激的，只能感受引起注意的少数刺激。能感受到的是知觉对象（如粉笔字），其他的则是知觉背景（如黑板）。当然在某种条件下，知觉的对象和背景可以相互转换。比如，临帖习字有时得注意笔画在米字格内的相对位置，这时的背景就成为知觉的对象。再如，给人照相取景时景物是知觉的对象，而拍摄时人物又成了知觉的对象。

影响知觉选择性的因素较多，如刺激的变化（如听音乐时音乐旋律的声响和音乐指挥的动作）、对比（如看戏时舞台灯光的集中和分散）、位置（如照片中的醒目位置）、运动（如足球运动员的体态和穿插跑动）、强度（如光照的亮度、声音的强弱）、反复（如教师强调的重点），以及个体经验的多少、情绪的高低、兴趣的有无等，都会在不同程度上影响我们对知觉对象的选择。

3. 知觉的理解性

有一组漫画，第一幅画是一个男子在吸烟，第二幅画是男子把点燃的香烟扔到窗外，第三幅画是男子急匆匆下楼，第四幅画是男子用手去接从窗户丢下来的香烟，题目是“戒烟”。人们受题目的启发，联系生活中的现象和经验来理解所感知到的画面，从而懂得漫画的真意——讽刺抽烟者想戒烟而下不了决心的情形。漫画上只有人物的动作，没有什么解说词，而人们却能通过感知画面理解表达的真意，这就是知觉的理解性。知觉的理解性要依靠两方面的因素：一是文字提示，二是积累的知识和经验。人们感知的万事万物反映在词语上都有一定的名称，因此文字提示可引起知觉的联想，让其跟过去的知识和经验联系起来，而知识和经验又可以把所感知的事物概括化和抽象化。这就是知觉具有理解性的原因。感知语言亦是如此，比如经营熟鸡的商店广告牌上说："'鸡'不可失"，人们看到这则广告觉得很有意思，因为大家学过"机不可失，时不再来"的古语，所以懂得广告牌利用谐音的创意。

4. 知觉的恒常性

人们等候公交车时迎面而来的小轿车显得很大，而远处驶来的公交车看起来很小，但人们凭着经验就知道那是一辆大的公共汽车。也就是说，尽管知觉的条件（比如远近、大小）有了变化，但由于知识与经验的参与，知觉表现出相对的稳定性。这就是知觉的恒常性，尤以视知觉为甚。

知觉的恒常性有形状的恒常性（比如，尽管苹果的品种不同，但给人的印象总是苹果的形状）、亮度的恒常性（比如，尽管黑衬衣在阳光下反射的光比白衬衣在黑暗处反射的光更多，但黑衬衣看起来总是黑的，白衬衣看起来总是白的）、颜色的恒常性（比如，新旧红领巾尽管颜色有深浅，但给人的印象总是红色的）、大小的恒常性（比如，远处的大人再小，印象总是大人；近处的小孩再大，印象总是小孩）。知觉对象的形状、亮度、颜色、大小等特性是人的一种主观印象，是在经验影响下所保持的相对稳定性。这种稳定性可以使人们始终按事物的真实面貌来反映事物，从而有效地适应环境。

（三）汉语作为第二语言的言语知觉特点

言语知觉对思维和理解有着重要作用，因为言语知觉是感觉和思维的统一，是理解的基础和前提，而理解乃是言语知觉的意识部分与未意识部分相互作用的结果。

1. 感觉和思维的统一

言语知觉介乎感觉和思维之间，它是两者的统一。外语学习者的听觉所感受到的言语是一串串连续的、不可分开的语音流，而要从中感知和区别出一个个音素，并将它们合成一个个音节，识别其字词，这就涉及外语的思维。

感知语音必须具备一般的目的语的语音和音位学知识。除了要了解和掌握辅音的特点，即发音部位（如双唇音、唇齿音、齿音、齿龈音、硬腭音、软腭音、喉音）、发音方法（如塞音、擦音、塞擦音、鼻音、边音）、声带振动的程度（如清音、浊音），元音的舌位变化（舌的部位及高度）之外，还要注意辅音受元音的影响（如汉语拼音中ni和nang中的n的发音随着紧跟的韵母特点而有变化），以及元音受前后音的影响（如汉语拼音中wa、la、lai中的a，随前后音的影响而有所变化）。不管这个音的真实读音如何，人们仍然将它视作（或辨识为）同一个音，这就是音位。因此，言语知觉可归结为三个阶段：

（1）听觉阶段。在这个阶段，声音信号转化为神经表象，即对声音的基本频率和一些特征（如音高、音长、音强等）进行编码，并储存在感觉储存器中。这个阶段的代码称为“原始码”，还没从信号中提取出语音或音位信息。

（2）语音阶段。这个阶段主要是依据语音知识或目的语语音系统及其特点将感觉到的言语声音切分为音节，并确定其语音名称。虽然人们听到的言语声音几乎没有停顿，但言语由音节构成，人们借助于音节，可以感知一串语音并将其切分为一个个音节，随后正确命名言语声音。比如“nǐshēntǐhǎoma”这一串言语声音，人们可以将它划分为一系列音节“nǐ/shēn/tǐ/hǎo/ma”，并确定每个音节由哪些音素构成（如音节nǐ由音素n和i构成）。

当然，第二语言学习者最初常常按母语的发音方式来感知第二语言语音，因为母语的发音和感知模式是极为牢固的。比如，日本学生常用ji、qi、xi来感知汉语的zhi、chi、shi，只有通过自觉比较他们才有可能形成新的感知模式。

（3）音位阶段。这个阶段主要根据音位学原理，对语音阶段存在的音素问题和疑点做进一步的修正和确定。“音位规则是因语言而异的。英语的规则只能用来区别英语里各种意义不同的声音。”[①]汉语当然有着自己的音位规则。比如，ni（你）和niang（娘）中的音素n，读起来是有区别的，不过在汉语里还是把它们归为同一音位。又如ti（体）和di（地），前者是送气音，后者是不送气音，在汉语里有区别词义的作用，因此是两种不同的音位。而在英语里，如pit中的p，无论发音中有多大的阻塞气流，pit的词义不变，因此英语里就没有关于送气音的音位规则。

言语知觉经过这三个阶段，由言语声音切分为音节，确定音素，从而明确词义，将感觉和思维统一起来。

2. 感知和理解的关系

感知和理解密不可分。言语知觉是理解话语的前提，没有言语知觉也就谈不上什么理解；理解是言语知觉的结果，反过来又为其转换为神经过程提供了条件。没有学过的或者不熟悉的外语语音流，因为无法理解，所以也无法进行言语感知。

言语知觉大多是自下而上的加工，即听到声音信号 → 切分音节 → 分辨音素（包括音位）→ 理解字词。但如果所感知的是连续的言语，大脑则会采用自上而下的加工，即使用较大的言语单元（比如词组或句子）帮助理解信息，也就是把听到的声音信号放在一定的语境中来考察、识别和理解。课堂上和教科书上的填空练习实际上是有意识地让学生运用自上而下的加工方式来理解句子意思。例如：

Cóng xuéxiào dào yóujú de __________ shì duōshao?（从学校到邮局的 __________ 是多少？）

学生根据上下文语境，很快就能填补出jùlí（距离）这个词。人们在识别和感知语音流时，是从分析音响信号开始的；而在理解句意时，不仅会对言语知觉信息进行叠加，还会从句子出发进行倒推。也就是说，人们在进行自下而上的认知加工的同时，也在进行自上而下的加工。正是这种综合分析，使得学生能在自下而上和自上而下加工模式的相互作用下“推

① ［美］John B. Best. 认知心理学 [M]. 黄希庭，等译 . 北京：中国轻工业出版社，2000：249，252.

断、填补缺失的或未被识别的言语信息”。[①]

3. 意识部分与未意识部分的相互作用

人们在日常生活中感知口语或书面语，大多是依靠语感来分析和理解，而并非有意去分析语音、词汇、语法、修辞等方面的语言特点，然后再整合为可懂的句子。操本国语的人（例如汉语母语者）并不一定专门学过语言知识，但他们可以感知口语和书面语，顺利地进行交流和阅读。学习汉语第二语言的学习者中也有许多不熟悉语言知识的人，甚至对本国语的语言知识也知之甚少，但这并不影响和妨碍他们进行汉语的听说读写。这说明人们的言语知觉中有许多是潜在的划分（如言语划分为语段，语段划分为句子，句子划分为意群，意群划分为词，词语划分为音节，音节划分为音素，等等），是言语知觉中并未意识到的部分。

人们传达思想和进行交流必须以语言信号为中介。语言信号是第二信号系统的刺激物，不是客观事物的直接反映，而是抽象的语言意义。人们借此形成思想、主张和观点，通过语言中介可以说出自己的想法，听懂别人的话语。语言的诸要素（语音、词汇、语法、修辞等）是客观存在的，它们在话语交流中时不时地发挥着作用，例如，在发生歧义时我们往往会不由自主地推敲词语音节，分析语法结构，整合句子意义，等等。这些都是言语知觉中的意识部分。

人们从言语知觉到理解句子意义，离不开意识部分与未意识部分的相互作用。因为有言语知觉的意识部分，我们可以对言语进行层层分析，所以理解比较准确；因为有言语知觉的未意识部分，我们可以靠语感接受和消化，所以理解和交流的速度就比较快。两者相互作用，不可或缺。

第二节　汉语作为第二语言的理解

汉语的语料或话语总是由词、句、段架构而成的，因而学习者听人说话或阅读文章时就得从词汇、句子、语段三个方面去理解，即理解该语料或话语中所选用的词语的词义，理解由一定词语组合起来的众多句子的意

① ［美］John B. Best. 认知心理学 [M]. 黄希庭，等译 . 北京：中国轻工业出版社，2000：249，252.

义，理解由若干句子组织起来的语段的意思。这里涉及许多心理活动、心理过程和心理规律。

一、词汇的理解

在言语知觉的基础上，人们可以对知觉中形成的语言表象进行不同层级的处理而获得理解，如词汇的理解、句子的理解、话语的理解。所谓词汇的理解，是根据感知到的音素（包括音位）和音节，从记忆中寻找和提取与之相应的词汇，也就是说，恢复词的词汇表征。这种词汇表征，包括词的意义、拼写、发音、词类及其他有关特征。例如，我们在听到shǎnshuò这一串语音时，能感知到它是由sh、an、sh、uo几个音素组成，并把它们划分为两个音节shǎn和shuò，然后从记忆中寻找和提取与之相应的汉字（词）：闪烁。这时，我们大脑中不仅会呈现出这个词的词形，连它的动词词性、意义（光亮动摇、明暗不定；说话吞吞吐吐），甚至学习时的用例（如“灯光闪烁”“闪烁其词”）也会一并被调取出来。如果我们在阅读时看到“闪烁”一词，也会在头脑中回忆或闪现出读音shǎnshuò及其意义和词性等特征。

（一）心理词典内部词汇的检索

认知心理学认为个体的大脑拥有一部能够识别词语的心理词典。外界的语言和符号必须触接（access）心理词典的某一位置，才能产生识别作用。[①]心理词典中的每一个单元（即字或词）可能都储存着一个字或词的音、形、义等信息。例如，汉字“谋”在心理词典中储存着“言、某偏旁合成”“言旁用来表示言语计划的意思”“某旁表示其读音”等信息。

对汉语来说，个体的心理词典内必须拥有4500个字和40000个词的词汇容量才能正常地阅读中文材料。[②]

外界的文字触接心理词典的相应位置，产生词汇或词义识别过程。整个过程基本上是主档案及其下属的三个触接档案相互作用的结果。如图3-1

① 李维.认知心理学研究[M].杭州：浙江人民出版社，1998：53-54.

② 同上。

所示：

主档案（协调和精简三个触接档案的运作）	字体信息档案（阅读时视觉触接的词汇系统）	例如：联系／练习
	语音信息档案（听话时听觉触接的词汇系统）	例如：liánxì／liànxí
	语法、语义信息档案（说话时触接和提取的词汇系统）	例如：联络或保持关系／反复学习和操练

图3-1 词义识别过程

三个触接档案分别容纳其触接的信息，并与主档案相关位置相连接。由于有主档案的协调，其他信息也一并随之呈现。比如，视觉触接文字“练习”，连接主档案后，该词的读音liànxí，其动词词性的语法特点及“反复学习和操练”的词义也随之呈现，并得以识别。

词汇触接有两种途径。一种是直接触接，即文字刺激直接触接词汇，产生词义，不用语音做媒介。例如，对汉字有些知识的中国人看到“沆瀣一气”，不一定念得出“沆瀣”的读音，但却知道这个词的意思是“气味相投”。另一种是间接触接，就是文字刺激必须转换成语音信息，借助语音信息触接词义信息。例如，欧美学生对文字的学习和识记常滞后于语音的接收，看到“交通堵塞”不知“堵塞”这个词的意思，但如果在词旁注上拼音或者教师念读一遍，学生凭借语音信息就能激发起储存的词义信息。

词汇检索和信息提取，跟词的使用频率、词素结构和语境有很大关系。

1. 词频

词频是影响词语再认阈限的一个重要因素。使用频率高的词检索比较容易，检索时间也短。比如汉语的“的、了、你、吗”与“谢谢、再见、您好、对不起、请问”等词语使用频繁，检索起来几乎不花什么时间。即使像“介绍、解决、紧张、经过、经常、精神”这样的词语，因为有一定的使用频率，检索起来也不费力。词汇等级大纲中的甲级词比乙级词容易检索，也是因为在一定阶段这些词语出现的频率较高。经常使用的词语，它们一直处于激活状态，一触即发，所以容易检索；不常用的词语，活动能量低，深置于大脑记忆库的某个冷僻角落而难以检索。

心理学认为学习开始阶段和最后阶段收集到的信息最容易保留和记

忆。前者称之为“首位效应”，后者称之为“新近效应”。[①]根据新近效应，最近听到的词较过去听到的词容易恢复，而经常使用的词一般总是比较新近的，所以检索起来快。

2. 词素

词素是具有语法功能的最小单位。一个词常由几个词素构成，而且有的词素还有语法结构线索可以凭借，便于内部词汇的检索。例如英语enjoyable，就可切分为en+joy+able，词缀en和able可以跟前面或后面的语音流划分开来。像mostenjoyablejourney（非常有趣的旅行）这一个语音流，人们之所以能轻易地将它们划分为most、enjoyable、journey三个单词，就因为知道前缀en之前是另外的词，后缀able之后也是另外的词。汉语有单音节词和多音节词，词素体现在音节上。但汉语合成词是一种意合单位，其词素没有明显的语法结构线索可以凭借，因此划分词主要依据音节。好在汉语的字音一般都由一个声母与一个韵母组合而成，没有复辅音，而且音节上有声调，人们基本上可以凭借音节和声调来区别词素（或词）。在大多数情况下，一个音节（词素）的是单音节词，两个以上音节（词素）的是双音节词或多音节词。例如听到míngtiānnǐqùlǚyóuma（明天你去旅游吗）这个语音流，人们根据声韵调的规律，也能准确地把它划分为míng/tiān/nǐ/qù/lǚ/yóu/ma，然后借助心理词典和语感，把míng/tiān两个词素组合为词，把lǚ/yóu两个词素组合为词，其余的是单音节词。

在汉语书面语中，有一些类似词缀的词素，如词头“老（老师）、阿（阿三）”和词尾“子（桌子）、儿（书桌儿）、头（床头）、性（科学性）、化（美化）、者（记者）”，也有一些语法结构意义可用于划分词语。不过经常出现的词，并不一定要经过词素去检索，它们很可能作为独立项目储存。听力和阅读较为熟练的学生，凭语感就能判断哪个是单音节词，哪个是多音节词。

---

① ［美］罗伯特·L. 索尔索. 认知心理学 [M]. 黄希庭，等译. 北京：教育科学出版社，1990：157-158.

3. 语境

句子的上下文即语境，有限定词义的作用，因而通过语境提取所检索词的意义比较容易。因为词与词之间的关系，既有语法结构上的组合，又有词汇意义上的搭配，所以阅读熟练者能根据前面的词预期后面的词，或者根据后面的词推测前面的词。比如，阅读“这种货币在市面上已经不流通了”，前面的“货币”与“市面上”已构成一种语境，特指商品和货币这个流通市场，因而限定了“流通”这个词的意义是“流转”，而不会被误解为“空气流通”的“通畅”义。

一般来说，阅读时眼睛对限定程度高的词注视较少，注视时间也短。比如阅读“明天他们还要继续会谈”这样的句子，其中的“会谈”受时间（明天）、施事（他们）、频率（还要）、状态（继续）等语境因素的限定，词义比较明确，用不着多去思索。而对限定程度低的词，注视时间往往比较长。比如阅读“明天有活动”这样的句子，其中的“活动”限定较少，我们就可能要考虑“活动”的含义究竟是什么。

语境还有利于对难词意义的猜测。HSK的阅读试题中会出现一些难词（考题允许有20%的超纲词），考生大都凭借上下文语境去猜测词义或干脆跳越过去。

（二）语义结构

词语都表示一定的概念。“单词所表示的概念在头脑中有其固有的、内在的联系，形成一定的结构，人们是按照这种内部认知结构来储存所输入的信息的。”[①]根据心理学家对人类知识及其结构的研究，知识表征的模式主要有层次网络模式、激活扩散模式、特征比较模式等。

1. 层次网络模式

这个模式是柯林斯和奎利恩（Collins & Quillian）从计算机储存信息的方式中获得启示而提出来的。他们认为，储存在知识系统里的信息是由单位、特征和指向连接所组成的，并以分层形式构成网络。如图3-2[②]所示：

① 彭聃龄. 语言心理学 [M]. 北京：北京师范大学出版社，1991：192.

② 彭聃龄. 语言心理学 [M]. 北京：北京师范大学出版社，1991：194.

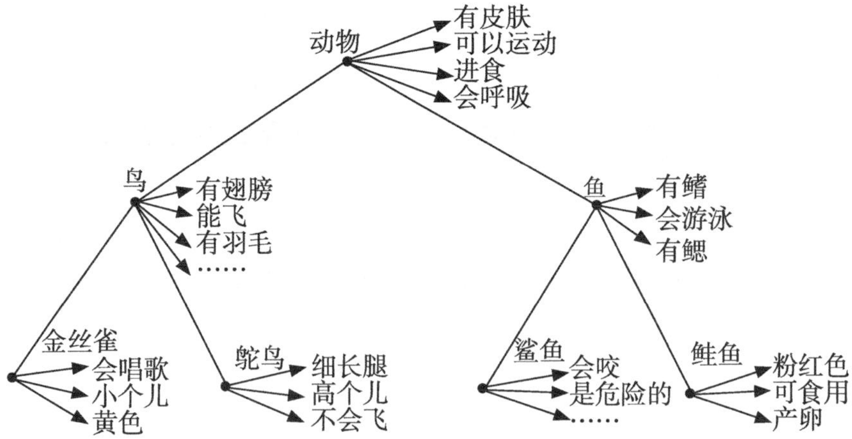

图3-2　概念层次网络系统示意图

概念层次网络系统有以下一些特点：

（1）网络是由节点和连线组成。“动物、鸟、金丝雀、鸵鸟、鱼、鲨鱼、鲑鱼”是节点，节点之间由连线连接，如“动物”连向“鸟”和“鱼”，“鸟”连向“金丝雀”和“鸵鸟”，“鱼”连向“鲨鱼”和“鲑鱼”。

（2）每一个节点表示一个概念及其特征，节点所表示的概念只与和它有关的特征信息直接连接。如“鸟”这一节点所表示的概念，其特征就是“有翅膀、能飞、有羽毛……”。

（3）节点还与它所属的范畴（如“鸟”之于“动物”），以及它所包含的成分（如“鸟”之于“金丝雀”和“鸵鸟”）直接连接。

（4）在概念网络中，不同层次的概念分别储存不同等级的事物特征，而彼此共有的特征则储存在上一层概念上。比如，“金丝雀”和“鸵鸟”除了自己固有的特征之外，还有共同的特征（如“有翅膀、有羽毛……”）储存在“鸟”这一概念层次上；“鸟”与“鱼”除了自己固有的特征之外，还有共同的特征（如“有皮肤、可以运动、进食、会呼吸”）储存在“动物”这一概念层次上。这就是特征信息的分层次储存。这样储存概念不会浪费储存空间，也不会加重各层次的信息负荷，符合认知经济原则。

（5）节点表示概念，上面储存着该概念的一些特征。节点间的连线表示概念之间的指向连接，即种属关系，并由此形成语义知识的网络。层次网络模式对词语和概念的加工主要通过搜索，即从相应节点（概念）出发，沿连线搜索，从而把心理词典中的某一词语与概念中的相应单位连接起来。

（6）概念网络中搜索路线的长短往往也是获取相应信息所需时间的长短。比如，判断“金丝雀是动物”比判断“金丝雀是鸟”花的时间要长些，因为从“金丝雀”节点到“动物”节点，中间需经过“鸟”这个节点。再如，判断“金丝雀能飞”比判断“金丝雀是鸟”所需时间也会长些，因为在搜索到上层概念之后要继续搜索它所储存的特征信息，搜索路线较长。这些都表示了概念之间的心理距离。

用层次网络模式说明长时记忆系统中所建立的概念系统的结构有一定的道理，但也有其不足之处：

（1）典型性效果问题。一个概念类别下的正例并不具备同等概念的典型性。比如“麻雀”和“鸡”，虽然都从属于“鸟”类，但由于“鸡”像“鸟”的典型性差，所以判断“鸡是鸟”比判断“麻雀是鸟”所需反应的时间长。

（2）相关性效果问题。判断句子所需的时间取决于两个概念之间的联想强度，而不是连接的长短。比如，“动物”是“哺乳类”的高层类别概念，但判断“熊是哺乳类”比判断“熊是动物”所需反应的时间要长些，因为平时生活中概念之间的配对频率“动物与熊”远胜于“哺乳类与熊”。

（3）否定效果问题。依照层次网络模式，要判断句子“麻雀是矿物”是否正确，必须从节点“麻雀”与“矿物”开始搜索，经节点“鸟类、动物、生物、非生物”等才能做出否定判断。按理说搜索时间较长，而事实上否定所需的反应时间极短。

2. 激活扩散模式

这个模式是柯林斯（Collins）等人对层次网络模式的修正。如图3-3[①]所示：

① 彭聃龄. 语言心理学 [M]. 北京：北京师范大学出版社，1991：200.

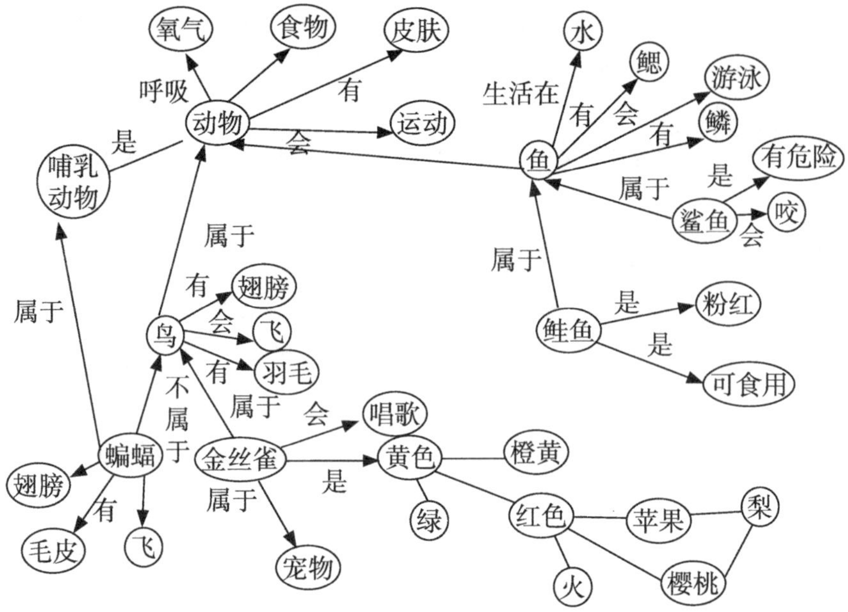

图3-3 激活扩散模式示意图

激活扩散模式的特点如下：

（1）一个概念所具有的意义或所包含的信息（特征、种属等）存在于和其他概念的种种关系之中：有“从属”关系（如“鸟是动物”），有“具有”关系（如“鸟有翅膀”），有“能够”关系（如“鸟会飞翔”），有“不属于”关系（如“蝙蝠不是鸟”），等等。这许多关系都通过连线来揭示和判断。概念和关系这两个要素使得激活扩散模式具有更简洁、更灵活的形式，特别是“不属于”关系，解释了人们对否定反应比较快速的“否定效果”问题。

（2）一个概念可以在不同的网络层面上跟许多概念发生联系。比如，“金丝雀”可以处于“鸟”这个层面，会“飞翔”；可以处于“宠物”层面，被豢养；也可以处于“食品”层面，被品尝；等等。这样形成的网络系统不仅仅是有层次的，而且是立体的。

（3）概念与概念之间的联系有强弱之分，在结构图上用连线的长短表示。比如，“鸵鸟”与“鸟”的联系比较弱，连线长；“鸽子”与“鸟”的联系比较强，连线短。这就解释了“鸡是不是鸟”的“典型性效果”问题。

（4）激活扩散模式具有利用性。在生活中遇到概念的某个实例或某个词，先激活与其相应的节点，然后沿着连线向相邻节点扩散，使它们都处于一种活动状态，这样有利于对有关词语的认读。比如，听过“鸟”一词后，再认读“燕子”“鸽子”“鹰”“雁”等词就容易些，这说明激活从“鸟”扩散到了“燕子”等鸟类。又如，节点“金丝雀”被激活后，它的特征“黄色”也随之被激活，并由“黄色”扩散到了“红色”等颜色，再由“红色”扩散到“火”和“苹果、樱桃”等红色水果，又由水果扩散到“梨”，这些概念间的联系正好解释了概念的“相关性效果”问题。再如，节点“鱼”被激活后，沿连线向四周扩散到“水”“鳃”“鲨鱼”“动物”等节点，而“动物”的“进食”“运动”等节点也可随之被激活，但因距离远，激活比较弱。所以，要判断“鱼会运动”比判断“鱼需要水”所需的时间要长些。

3. 特征比较模式

这是史密斯（Smith）等提出来的一种模式。他们把概念用一系列的语义特征来规定，而这些特征的地位和作用不同。有些是关键性的，可称为“定义性特征”（如“知更鸟”上储存的“有羽毛、有翅膀、长着红胸脯，是动物”等）；有些是次要的，可称为“描述性特征”（如“知更鸟”上储存的“吃虫、在树上栖息、未驯化、无害”等）。这对判断命题的真伪和判断所需时间的长短很有意义。如图3-4[①]所示：

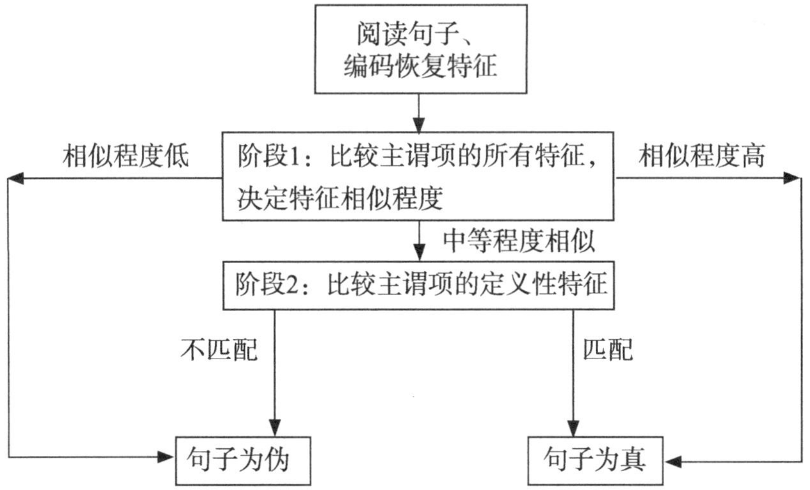

图3-4　特征比较模式示意图

① 彭聃龄. 语言心理学 [M]. 北京：北京师范大学出版社，1991：198.

特征比较模式的流程是：

（1）首先唤醒的是主项A和谓项B各自具有的特征，即朗读句子（如“鸽子是鸟”这个命题）、编码和恢复特征。比如“鸽子”（A项）的“灰白等颜色、吃谷类”是定义性特征，“会传递书信”等是描述性特征。“鸟”（B项）的“是生物、有羽毛、有翅膀”是定义性特征，“会飞”等是描述性特征。

（2）进入阶段1，对主项A和谓项B的诸多特征（包括定义性的和描述性的）进行粗略的比较和匹配。如果A的特征包括了B的全部定义性特征和一些描述性特征，A、B匹配程度高，那么就能断定A属于B。比如“鸽子”（A项）除了自己的特征外，还具有“鸟”（B项）的诸多特征，于是人们很快就能断定“鸽子是鸟”为真。反之，A、B的匹配程度低，即A的特征既不包含B的定义性特征，也不包含其描述性特征，那么人们也能很快断定像“鸽子是河流”这样的命题为假。

（3）A与B匹配为中等，则要进行精细加工，于是进入阶段2。这时可能出现两种情况：一是A包含B的定义性特征，但极少或不包含B的描述性特征。比如“鸵鸟是鸟”这个命题，“鸵鸟”虽不包含“鸟”的“会飞”这个描述性特征，但其他特征全有，因而仍可判断为真。二是A包含B的部分定义性特征和部分描述性特征。比如“蝴蝶是鸟”，尽管“蝴蝶”有“鸟”的“有翅膀”这一定义性特征及“会飞”这一描述性特征，但没有“有羽毛”这个定义性特征，因而这个命题仍可判断为假。这就可以解释为什么判断真命题“鸵鸟是鸟”比“鸽子是鸟”要慢，判断假命题“蝴蝶是鸟”比“鸽子是河流”要慢了，因为有的只要进行粗疏的加工就可断定，而有的则要进行精细加工才能判别。①

以上三种模式，层次网络模式要求我们按语义网络形式储存词的知识，激活扩散模式强调网络中语义关系的差异，特征比较模式把词的词汇表征视为一系列的语义特征。

① 彭聃龄.语言心理学 [M].北京：北京师范大学出版社，1991：198.

二、句子的理解

词语的理解只是话语理解的基础。只有实现对句子的理解，才算是理解了完整的话语意思。因为“句子的特点在于它是人们用来交流思想的语言的基本运用单位”，“可以表达一个完整的意思”。[①]汉语的句式有一般语言所共有的普遍规律，也有汉语本身所具有的一些特征，集中反映在组合、搭配等方面。

（一）汉语组合的特点

1. 汉语组合手段的一致性

汉语的词语组织到句子中去，因为缺乏性、数、格或时、态的变化，其主要的组合手段是靠语序和虚词。不仅词素组合成词是采用这种手段，由词语组合成词组和由词组组合为句子也是采用这种手段。这是因为汉语内部的组合关系非常一致，主要有联合、修饰、陈述、支配、补充五种。如表3-1[②]所示：

表3-1　汉语组合关系表

组合关系	词素组成词	词合成词组	词、词组合成句子
联合	朋友、生产、光明	工人农民、批评和表扬、勤劳勇敢	
修饰	广场、速成、冰凉	游泳池、热情帮助、讨论的问题	多勤劳的人民！ 一个冬天的夜晚。
陈述	头疼、心虚	经济繁荣、心情激动、菜花黄	太阳升起来了。 电话铃响了。
支配	握手、点头	打电话、洗衣服	开门！ 禁止吸烟！
补充	提高、缩小	洗干净、跑得快	唱得好！ 跑快点！

汉语组合手段的一致性形成了一套规则几处可用的特点，这给汉语作为第二语言学习者学习汉语带来不少方便。它不仅减轻了学习者的记忆负担，留出工作记忆的余地去接收其他信息，而且客观上也符合记忆的简省原则。

① 彭聃龄. 语言心理学 [M]. 北京：北京师范大学出版社，1991：197-198.

② 胡裕树. 现代汉语 [M]. 上海：上海教育出版社，1989：353.

2. 汉语组合的一致性对理解的作用

人们对句子往往是自下而上和自上而下结合起来进行分析和理解的。所谓“自下而上”，是对句子中的一个个词语的词义进行确认，并推敲跟旁边词语的组合关系，进而理解整个句子的意思；所谓“自上而下”，是从整个句子的意思出发，分析其中的词或词组的组合关系。因为句子的意义不一定等于句子中所有词义的加合，人们的经验和想象力也会对词义进行引申，所以句子的意思很可能超出词义的总和。所以，我们必须采用自下而上和自上而下相结合的分析办法，才能准确、完整地理解句子的意思。汉语组合的一致性为学习者对句子中词语的组合或词组的组合进行统一的分析创造了相当有利的条件。如图3-5所示：

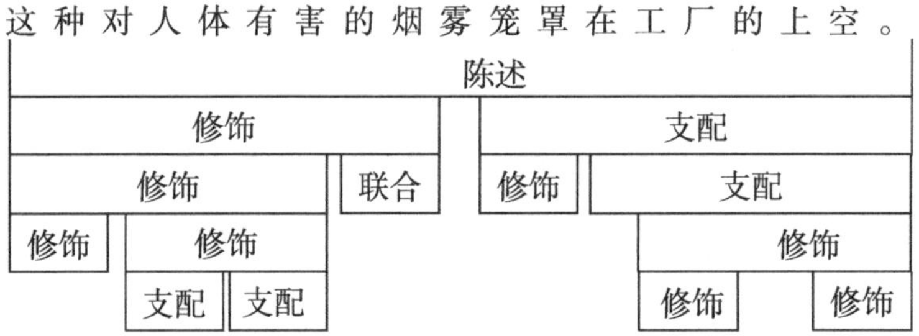

注：介宾词组（或叫“介词结构”）中的介词与宾语的关系其实也是一种支配关系。

图3-5　句子层次分析图

尽管学习者在理解句子时并不一定会有意识地进行像图3-5 那样的层次分析，但汉语组合的一致性却在有意或无意地起着作用。

（二）生活经验与语义搭配

语法结构正确的句子未必是真实的，也许是不能成立的。比如，“我喝桌子”“汽车行驶在树梢”等语句在结构上完全合乎语法规则，却不合情理。这里涉及语义搭配的问题。人们平时说话和写作时并不刻意追求搭配的合理性和正确性，往往从习惯出发就能表述出语义搭配妥帖的句子。比如，“篮子”用“提”，“足球”用“踢”，“食物”用“吃”，“饮料”用“喝”；“高山”用“陡峭”而不用“清澈”，“波涛”用“汹涌”而不用“险峻”；等等。这些搭配都是以生活知识为基础的。尽管世界上有不同的语言、不同的习俗，但生活常识和生活经验毕竟有许多共通的地方。正是这些相通的知识和经验，引导学生在掌握目的语的某一语法规则后能造出正确的合情合理的句子，而不用专门花时间去学习如何进行词语的语义搭配。

一个词语可以与许多有关的词语构成语义网络。在这个有限的语义网络范围之内，词语之间可以互相搭配；超出这个有限的语义网络范围，词语搭配就会变得比较生硬、别扭，甚至出现错误。比如，名词“衣服”可受许多词语修饰，有表示颜色的，如红、白、绿、黄（衣服）等；有表示质地的，如真丝、羊毛、棉布、化纤（衣服）等；有表示式样的，如新式、旧式、中式、西式（衣服）等；有表示处置的动作，如晒、洗、挂、收、放、拿、叠、熨（衣服）等；有表示状况的，如（衣服）旧、破、坏、乱、大、小、褪色等。它们在语义上都可以与“衣服”搭配，这种搭配完全符合个人的生活经验，因而这样的句子很容易被接受和理解。如果超出这个语义搭配范围，如“木料衣服”“炒衣服”“生长衣服”等，因为它们的组合跟个人的生活经验和生活知识不符，所以人们很难理解这种组合的意思，也就难以接受这种句子了。

三、话语的理解

话语是由若干句子组成的，因而对话语的理解实际上也是对句群的理解。句子所表述的是一个或几个命题。比如，“太阳升起了”表述的是一个命题（“太阳”是命题的主项，“升起”是说明主项的谓项），“红红的太阳从东方升起了”表述的是几个命题（“太阳升起”是个大命题，“太阳红红的”和“东方升起太阳”是附着在大命题上的小命题）。由此可见，由若干个句子组成的句群往往包含许许多多个命题，这些命题不是互不相关的，而是有着这样或那样的联系，它们“具有相继关系（它将引导到新的事件）、并列关系（它使我们将事件与新事件联系起来）和时间关系（它使我们将事件与未来特定的时间顺序联系起来）”。[①]这些关系的确定对话语的理解有着十分重要的作用。而要确定句群中句子之间的各种关系必须依赖两个因素：一个是连贯，以语义的连贯为条件和前提，对后续的语句进行判断和推理；一个是图式，以心理图式为基础，对后续的事件进行预期和补充。

---

① ［美］罗伯特·L. 索尔索 . 认知心理学 [M]. 黄希庭，等译 . 北京：教育科学出版社，1990：279.

（一）连贯

话语的句子之间必须以某种方式相互联系，没有联系的句子凑在一起风马牛不相及，那是没法使人理解的，因而句子的连贯是话语理解的必要条件。这些条件包括语义的连贯、新旧信息的联系及判断和推理的运用。

1. 语义的连贯

话语中命题的展开（即意义的连续和扩展），总是围绕某一主题（或主线）进行。即使是一段话（可能只有一个句群），也有其片段的中心。其中，大命题是片段的核心，其余的命题都紧扣这个核心加以阐述、解说、发挥、推论和重申。比如教材《中级汉语听和说》谈到“与中国人打交道”时有一个片段：

> 外国学生到中国来，常常说：“中国人很喜欢管别人的闲事。”如在路上见面，常问“你吃了吗？”“你去哪儿？”“你干什么去？”聊天儿时经常问：“你今年多大了？”“你家里都有什么人？”“你结婚了吗？”其实，问话的人未必想要干涉你的私生活，像在路上见面问的问题，只是打招呼的意思，就如同说：“你好！”“最近怎么样？”而聊天儿时问的问题，只是为了想要和你交谈，找出一些简单的问题使谈话变得轻松、自然。①

“中国人喜欢管别人闲事”这个大命题是片段的核心主题，下面有些命题如路上见面时的发问、聊天儿时的询问，都是围绕着“管闲事”这个主题而展开的。而这两方面的问话又成了片段的副主题，接下去的命题分别就两个副主题进行解释。理解了副主题的真实含义，那么核心主题“管闲事”的问题也就得以迎刃而解了。正由于上述片段的语义是连贯的，主线和副线是分明的，所以为听（读）者理解这个片段的意思打下了基础。

2. 新旧信息的联系

话语或句群蕴含和传递着诸多信息。就说话者（或写作者）来说，

---

① 北京语言文化大学汉语学院汉语系. 中级汉语听和说 [M]. 北京：北京语言文化大学出版社，1999：255.

其所说的（或所写的）话语中有听者已经知道或了解的旧信息，也有听者（或读者）可能不知道或不了解的新信息。说话者（或写作者）有意识地将新信息通过与旧信息的联系，把话语或句群的意思传达给听者（或读者）。就听者来说，其在听话（或阅读）过程中也正是充分利用旧信息与新信息的联系，推测出新信息与旧信息的意义关系。新旧信息的概念是相对的，前面句子中的新信息得到理解之后，它们又作为旧信息来推测下面句子中的新信息。理解过程就像滚雪球似的回环行进：话语或句群中的新信息在已知信息的引导下逐步转化为新的旧信息，以此往复。到此，理解就告一段落。例如教材《中级汉语听和说》中叙述大熊猫有这样几句话：

> 大熊猫是我最喜欢的动物之一。它的体形像熊，四肢、肩膀、耳朵和眼圈是黑色的，其他地方都是白的。[①]

听（或读）第一句话，“大熊猫”是主题，是旧信息，“我最喜欢的动物”是新信息，听者（或读者）将其联系起来就能理解说话者的意思：他喜欢大熊猫这种动物。后面还有“之一”这个新信息，听者（或读者）就能领会说话者（或写作者）喜欢的动物不止大熊猫一种。下文的代词“它”又指代了“大熊猫”这个旧信息，并跟后面的“体形”“四肢、肩膀、耳朵和眼圈是黑色的”这些新信息相联系，由此听者（或读者）可理解大熊猫的外形特点。“其他”一词又把上面的新信息转化为旧信息，再跟“都是白的”这个新信息两相对照，听者（或读者）就能理解和想象出大熊猫身上的颜色了。

3. 判断和推理的运用

话语或句群包含的诸多命题之间有着种种关系：或者是并列关系，或者是因果关系，或者是假设条件关系，或者是转折关系，等等。这些关系，有的是外显的，有关联词语标示和连接；有的是内隐的，虽然没有关联词语标示和连接，但句子与句子之间隐含着各种逻辑关系。听者（或读者）凭借关联词语和句子之间的语义关系，运用判断和推理的逻辑思维来揭示和理解话语或句群的意义。例如下面一段文字，有的句子有关联词语，有的没用关联词

---

① 北京语言文化大学汉语学院汉语系. 中级汉语听和说 [M]. 北京：北京语言文化大学出版社，1999：211.

语，我们在听（或读）时，可以补出其间的逻辑关系，从而得以准确地理解。

> 如果角膜发炎过久，（而且）不小心有异物、微生物等入侵眼内，（因而）产生感染，（那么）不只是发病的过程长，（而且）恢复也慢；若是严重了，（因而）引起眼内发炎，（那么）还会有导致失明的可能。

这个句群内有好几个关联词语，如“如果、不只、若是、还”等，但并不完全配对。如果阅读时能把括号内的关联词语补出来，那么句子之间的关系就一目了然了。

（二）图式

话语理解除了应用心理词典知识外，还需应用储存于头脑中的百科全书知识。头脑中的百科全书知识一般都经过整理和类化，形成了有组织、可重复的行为模式或心理结构，我们称之为“图式”。图式有各种各样的具体形态，但其基本结构和功能是相同的。

1. 图式种类

图式有事件图式、场景图式、角色图式、故事图式等类型。

（1）事件图式。事件图式由清单性信息（即某种情境下将发生哪些子事件）与结构性信息（即各子事件间有何关系）构成。以“到邮局寄包裹”为例，其事件图式如图3-6所示：

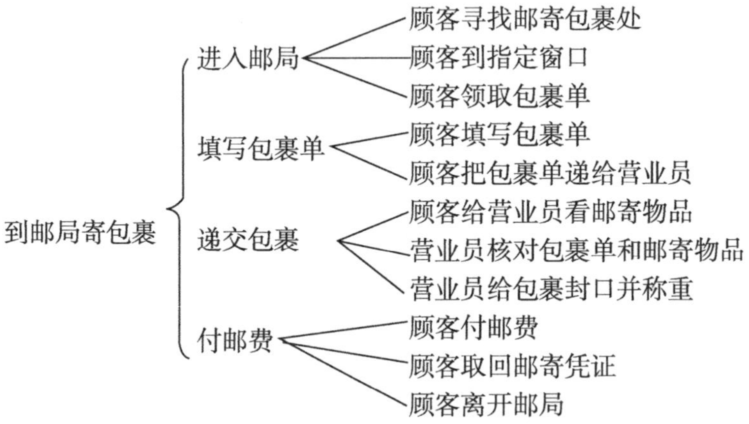

图3-6　事件图式示意图

这里，知识的单元是事件，一个事件由若干个下一层的小事件组成，每个小事件又由若干个更细小的下一层事件构成。可以这么说，事件图式是以事件为单元的等级层次结构，它是在无数次的生活实践中提炼和积累起来的经验结构。大脑中储存了这样的事件图式，人们听到某事件时就会想到它的细节，再由细节想到更为细小的信息。

（2）场景图式。场景图式是关于某类情境发生的地点或场合的知识结构。比如，只要一提起教室这种场景，人们就会很自然地想到整齐排列的课桌椅，桌子上面放着课本、笔、记录本等，课桌的前面有讲台，讲台后面是黑板，黑板两旁挂着中国地图和世界地图，黑板上方有一条标语……可见，场景图式也是一种等级层次结构，某一场景包括若干部分，每一部分又有更详细的内容；同一层次的各部分之间存在着上下、左右、内外等丰富的空间关系。人们从一个部分，如桌子，可以想到不同层次的信息，如书本、椅子、地板等。

（3）角色图式。把某种身份、职业、阶层、年龄、言行特点等信息聚合在一起，就形成了关于这类人物的角色图式。经理、职员、司机、医生、护士、教师、学生等都具有某些稳定的一般特点，他们在某种情境下的言行也是相对稳定的。人们据此可以判断他们为何种角色，会说出怎样的话，有怎样的举止。

（4）故事图式。一个故事包括若干个情节，每个情节又包括具有不同意义的若干个事件或活动。常见的故事情节由情节的开端、情节的发展和情节的结束构成。一个情节之后往往接着另一个情节，若干个情节之后便是结尾。虽然故事图式丰富多样，故事情节千变万化，但情节有开端、发展、起伏、结局，这样的结构是大致相同的。人们仍然可以凭借故事图式来理解记叙文的内容和意思。

2. 图式的理解作用

图式在话语的理解和记忆中起着重要作用。“在阅读之前，图式起到预期作用；在理解过程中，图式成为意义表征的重要组成部分；在阅读之后，图式对信息的储存、提取起到组织的作用。”[①]

（1）预期作用。某种图式一旦被激活后会使人们在理解语言材料时

① 彭聃龄. 语言心理学 [M]. 北京：北京师范大学出版社，1991：211.

处于积极的准备状态，并对即将要叙述的话语产生一种预期。这就有助于人们对话语的迅速理解。例如：

> 她在服装店挑选了半天，好容易选中了两条样式新颖、颜色鲜艳的裙子，在试衣镜前试了又试，照了又照，觉得很满意。她拿着营业员开的小票，兴奋地跑到收银台付钱；可是一摸口袋，忍不住叫喊起来："哎呀！"

读者在阅读上面一段文字时，头脑里很自然地会闪现出顾客在服装店购买服装的图式。由于选衣、试衣、开票、付钱这些事件完全符合图式知识，图式在这儿充分发挥了它的预期作用，使人对这段语料感到熟悉，也更容易理解。而后文的"哎呀！"，即使文章到此结束，人们也能通过上下文语境和图式的预期作用，推测出该顾客不是忘了带钱，就是钱包丢了。

（2）补充作用。人们在阅读话语材料时，不是只登记材料的表面形式信息（即语句），而是结合自己已有的图式知识，将图式内容充实到话语中去。尽管有些内容在语料中并没有提到而是由读者根据已有的图式知识自行填补进去的，但读者仍会觉得补充的内容似乎是语料本身所包含的。例如有这么一段话：

> 今天出门的时候，忽然下起大雨，我好容易到了会合的地点，我的朋友还没有来。根据事先的约定，我想她不会再来了。

这里"根据事先的约定"具体是什么内容，话语中没有说，但读者都能理解。因为根据约会的图式知识，所谓的"事先约定"应该是：老地方、老时间见，如果下雨就取消约会。由于读者在理解话语时自行填补出了约会中常有的内容，所以他们理解起来就容易了，内容也更为丰富了。

本章小结

汉语作为第二语言的感知包括感觉和知觉两个部分。感觉是由感觉器官受刺激而引起的主观经验。跟言语感觉联系最为直接和紧密的是听觉、视觉和动觉。言语听觉、言语视觉和言语动觉是相互配合、相互补充来感知语言的。知觉由多种感觉综合与抽象而成，它是感觉和思维之间的一个重要环节，对感觉材料进行加工，为思维准备条件。

汉语作为第二语言的理解包括词汇的理解、句子的理解和话语的理解。词汇的理解涉及心理词典的检索，以及语义结构的运用；句子的理解涉及汉语组合特点的应用，以及生活经验的作用；话语的理解涉及判断与推理的运用，以及图式的作用。

知识运用

1. 感觉与知觉有什么区别和联系？举例说明感觉与知觉在学习生词的过程中所起的作用。
2. 在心理词典中检索一个词语有哪些线索或因素可供利用？
3. 举例说明生活经验与图式对言语理解的作用。

第四章　汉语作为第二语言的记忆

我们常说“好记性不如烂笔头”，是说人们对经历的事情、听过的报告、读过的书籍、学过的知识是可以记忆的，但是不一定都能回忆起来，有的可能永久地遗忘了，有的可能一时想不起来，但经过提醒还可以回想起来。所谓烂笔头，指的是在识记某种事情或某些知识时尽管草草地记录几笔，但它可以作为线索，帮助人们回忆起这些事情或知识来。汉语作为第二语言的学习，记忆是必要条件，而遗忘或半遗忘也是第二语言学习中常常发生的现象。因此在汉语作为第二语言的学习过程中，我们必须讲究学习和记忆的策略。本章所阐述的内容正是心理学着重讨论和研究的有关记忆的一系列问题。

第一节　记忆特征和汉语作为第二语言的识记

人因为有语言作为依托，丰富的世界知识，不管是具体的还是抽象的，都得以在大脑中识别和记忆，其记忆的深度和广度是一般动物所无法企及的。语言（包括第二语言）的学习更是以记忆为前提的。研究和揭示记忆的心理特征和类别，对识记包括语言在内的知识具有重要的意义。

一、记忆的基本特征

过去的经验在人脑中得以反映就成为知识，知识在大脑中要经过储存、保持和提取这三个基本环节，知识在大脑中的记忆表象具有直观性和概括性，这三个方面构成了记忆的基本特征。

（一）记忆是过去的经验在人脑中的反映

大脑对人经历过的东西会留有印象，比如某个事件的始末、某首乐曲的旋律、某座建筑的外观、某个人的脸庞、某种外语的单词……只要以前接触过、观察过、聆听过、学习过，它们总会在大脑中不同程度地得以反映，这就是记忆。凡是没经历过的事物或知识，则不会在大脑中反映。因此，记忆必须有感觉和知觉做基础，同时大脑也要对感知的东西进行必要的加工和储存，这样才能在大脑中留下深刻的印象。这是个复杂的心理过程。

人不能没有记忆，否则就不能正常地生活。人之所以能够形成概念，进行判断和推理等思维活动，所依靠的就是知识的记忆和经验的积累。也正因为有了记忆，人才能超越知觉活动的直接感受去接收广博丰富的间接知识，从而认识世界和改造世界。

根据信息加工理论，记忆是对输入信息的编码、储存和提取的过程。也可以说，记忆是人们对先前经验的有意识的外显反映。有所“记”，才能有所“忆”；“记”不住，也就“忆”不出；“记”得模糊，“忆”就困难。汉语作为第二语言的记忆，就是要通过学习的方式，记住汉语的文字（包括音节）、词汇、语法规则，以及渗透其间的中国文化，并在应用过程中能够把需要的字、词、句回忆和提取出来，用以表述自己的思想和观点。比如，学习了“问路”的课文，记住了与问路有关的词语和句子，才能在需要时回忆并说出“劳驾，往南京路怎么走？”“请问，到万达广场乘什么车？”这样的问句。再如，学习了“购物”的课文，记住了与选购和议价有关的词语和句子，才能在使用时回忆并说出“老板，这……怎么卖？”“这……多少钱一斤？”“太贵了，能不能便宜一点儿？”这样的问句。

（二）记忆的三个基本环节

记忆的加工可分为三个阶段（或说三个基本环节）：信息的识记、信息的保持和信息的提取。用信息加工理论来说，记忆就是对输入信息的编码、储存和提取的过程。

信息的识记是识别和记忆事物，从而积累知识经验的过程。人们认识世界上的万事万物，先决条件就是对需要认识的事物进行识记。比如学习外语，要读出单词的音，就得先识记音标和字母拼写规则；要运用词语，就得先识记一个个单词；要说出句子，就得先识记语法规则；等等。但是识记了的事物如果被遗忘，那就等于没有学习，所以我们必须把它们储存在大脑记忆库中。这就是信息的保持。可见，保持是巩固已获得的知识和经验的过程。人的大脑记忆库中有感觉记忆、短时记忆、长时记忆等，它们保持信息的时间长短不一。感觉记忆最短，短时记忆次之，长时记忆最长（有的可以永久保持）。保持的目标是要通过感觉记忆和短时记忆将信息输入长时记忆，永久地储存起来。比如学习汉字，不仅要识别字形，读出字音，知道字义，还要知道笔顺，反复书写，这样就有可能把从感觉记忆进入短时记忆的汉字输入长时记忆。记忆的目的，不只是保持信息，还需要在应用信息时能够拿出来用，这就是信息的提取。所谓提取是在不同情况下恢复过去经验的过程。这又分两种情况：一种是经历过的事物不在面前时，我们能把它重新回想起来，这叫“再现”；另一种是经历过的事物再度出现时，我们能把它重新认出来，这叫“再认”。比如，学习了“宽敞”这个词语，当需要说“客厅宽敞”时，我们能从大脑记忆库所积累的“宽大、宽阔、宽余、宽敞”中把“宽敞”提取出来，这就是再现；当阅读“坐在宽敞的教室里学习别提多高兴了”这个句子时，我们能认出、读出并理解“宽敞”这个词语，这就是再认。

记忆过程的三个环节之间是相互联系、相互制约的。没有识记，就谈不上保持，当然更谈不上提取。因此，识记和保持是提取的前提，提取是识记和保持的结果，并能进一步巩固与加强识记和保持。汉语作为第二语言学习的实践也证实，经常使用的词语（出现频率高的词语，如“学习、工作、旅游、吃饭、乘车”等）和句式（如“主谓宾句、动词谓语句、形容词谓语句、连动句、比较句”等），我们记忆得也比较牢固。

（三）记忆表象的直观性和概括性

感知过的事物尽管不在眼前，但人仍能在大脑中再现它的形象，这就叫“记忆表象”。记忆表象有直观性和概括性两个特点。

1. 记忆表象的直观性

事物信息为感觉所登记，且上升为知觉进行粗略的编码，这就是图像记忆和声像记忆，它是按感觉信息原有的形式来储存的。在大脑中的表象正是感知留下的形象，所以具有直观性。这种直观性是客观事物并不在眼前时大脑通过记忆回忆起来的。这种回忆不可能像实际感知事物时所得到的形象那样鲜明、完整和稳定，而是事物的大体轮廓和一些主要特征在大脑中的反映。比如，上海的南浦大桥和杨浦大桥，凡是路过或参观过的人，头脑中都会留下两座桥的形象，但展现于脑海的可能只是这两座桥的宏伟的桥身和气势，以及一为螺旋式、一为提拉式的特点，不可能像摄影那么细致准确。

2. 记忆表象的概括性

表象所反映的是同一（或同类）事物在不同条件下经常表现出来的一般特点。比如，人们曾多次经过南浦和杨浦这两座大桥，每次由于条件不同（或者是晴天，或者是雨天，或者是大雾天，或者是夜晚），会形成不完全相同的具体知觉形象。但人们一旦说起南浦或杨浦大桥时回忆出来的不是某一次的具体知觉形象，而是多次感知基础上产生的概括形象：螺旋式桥或提拉式桥。表象的概括性还表现在对同类事物的概括上。比如，我们大脑中所储存的楼房、树木、公交车、饭店等形象都是从同类事物中概括得来的。同样是概括，表象概括和思维中的概念概括是不一样的。表象所概括的有事物的本质属性与非本质属性，而概念只概括事物的本质属性。比如，“金牌”的概念是奖给比赛中的冠军的用黄金做的牌子，而表象除了包含这个概念之外，还含有黄灿灿的、圆形的、有丝带可以挂在颈项等属性。

表象的直观性和概括性是密切联系在一起的。它的直观性有点儿像知觉，它的概括性又有点儿像思维。它是介于知觉与思维之间的中间环节，是记忆的主要内容。在记忆过程中，回忆过去的事物并且再认出曾经接触过的事物，主要也是靠表象来实现的。

二、记忆的分类

记忆可按记忆内容分类，也可按记忆活动特点分类。

（一）按记忆内容分类

根据记忆内容，我们可以把记忆分为如下四种：

1. 形象记忆

以感知过的事物形象为内容的记忆叫作“形象记忆”。[①]比如，外国学生去杭州旅游，回来后对西湖景象的记忆、对六和塔的记忆、对岳坟的记忆等等，这些记忆都是形象记忆。

2. 逻辑记忆

以概念、公式和规律等逻辑思维过程为内容的记忆叫作“逻辑记忆”。[②]在汉语作为第二语言的学习中，外国学生对有些词语的定义，如“隆重”的解释是“盛大庄重”，“蔓延”的解释是“像蔓草一样不断向周围扩展”，以及如“进行、忍受”等动词后面的宾语可以由非名词性词语充当等语法规则，这些记忆就是逻辑记忆。

3. 情绪记忆

以体验过的某种情绪或情感为内容的记忆叫作“情绪记忆”。[③]比如，外国学生登顶长城时的兴奋劲儿、篮球比赛输掉时的失落劲儿，这些记忆就是情绪记忆。

4. 运动记忆

以做过的运动或动作为内容的记忆叫作“运动记忆”。[④]比如外国学生学习中国太极拳或武术时对一个个连续动作的记忆，这些记忆就是运动记忆。

（二）按记忆活动特点分类

根据记忆活动特点，我们可以将记忆分为感觉记忆、短时记忆和长时记忆三个储存系统，而且每个储存系统都以前一个储存系统的加工为自己储存的条件。

---

① 叶奕乾，祝蓓里．心理学（修订本）[M]. 上海：华东师范大学出版社，1996：121.

② 同上。

③ 同上。

④ 同上。

1. 感觉记忆

感觉记忆是原始的感觉形式，具有相当大的容量，能够把外界的信息一下子完整地摄取进来，但保持的时间极短，约0.25—2秒，所以又称为“瞬时记忆”。感觉记忆的特点是外界的信息按照感觉输入的原样在感觉中被记下来，具有鲜明的形象性。比如，主持人在电视节目中的一个个镜头和一句句话语，分别为人的视觉和听觉所接收，此时留存于感觉中的图像和声像跟刺激基本一致，可以说是外界刺激的复制品。因此心理学认为感觉记忆也会进行粗略的编码和组织。这种编码和组织，可能是一种图像记忆或声像记忆，它们按感觉信息原有的形式来储存。感觉记忆虽然储存时间极短，但它为进一步加工提供了材料和时间，是人们接收和处理外界信息必不可少的一步。感觉中的信息，如果受到注意就能进入短时记忆，没有得到注意就会很快丢失。

2. 短时记忆

短时记忆是指信息保持在1分钟以内的记忆。这是信息从感觉记忆通往长时记忆的一个中间环节或过渡阶段。比如，听课时做笔记，常常记完上句，来不及记下句，或者暂时跳越一下先记下句再补上句，但上句却再也回忆不起来了。再如，查询电话号码或车牌号，如不记录下来，使用过后很快就记不清了。这些都说明存于短时记忆的信息超过1分钟就会丢失或遗忘。

短时记忆的特点是信息容量的有限性和相对固定性。心理学实验发现，人的短时记忆容量为7 ± 2个单位，即在5到9个单位之间波动。[①]这里所说的单位，内涵不定，可以小到字母，大到词组。为了增加和扩充短时记忆的容量，人们常常利用组块来记忆。所谓组块，是指将若干小单位联合成大单位的信息加工，也指这样组成的单位。汉语作为第二语言教学提倡记住词组，从某种意义上说，也是在利用组块扩充和增加短时记忆的容量。比如“这种事一定要强调自觉自愿，万万强迫不得”这个句子，如果根据音节和词语来记忆，充其量只能记住“这／种／事／一定／要／强调／自觉／自愿”这句话；如果根据组块来记忆，就能记住“这种／事／一

① 王甦，汪安圣. 认知心理学 [M]. 北京：北京大学出版社，1992：138.

定要／强调／自觉自愿／万万／强迫／不得”这样比较完整的语句。

短时记忆又称“工作记忆”，它一边接收来自感觉记忆中的信息，一边从长时记忆中提取信息，进行有意识的加工。工作记忆由语音环、视觉空间模板和中央执行系统组成。中央执行系统负责协调和支配两个子系统（即语音环和视觉空间模板）与长时记忆的联系。因此，心理学所说的短时记忆编码实际上就是工作记忆的编码。短时记忆的编码方式有听觉性编码、视觉性编码和语义性编码等，其中以听觉性编码为主。在汉语作为第二语言教学中，外国学生由听觉接收一个句子，如“哥哥比弟弟谦虚得多”，这一串语音流“gēge bǐ dìdi qiānxū de duō”在短时记忆（即工作记忆）中由听觉登记并编成语音代码传递给长时记忆做深入加工。即使外国学生没有听到这一串语音流，只看到用汉字书写的句子，那视觉性信息进入短时记忆时也会发生形—音转换，其编码仍带有听觉性质或声音性质。我们常见到外国学生在阅读汉语的书面性语料时有嘴唇开合或喉头蠕动的现象，这就是在进行形—音的转换。当然，由于汉字不完全表音的特点，短时记忆（即工作记忆）对汉字的编码总体上来说是以视觉性编码（即表示线条结合与线条间距离的空间码）为主的。短时记忆中也存在着抽象的、不经过感觉通道的语义编码，这是受长时记忆库中语义信息的影响而形成的。比如，“弟弟比哥哥顽皮”中“弟弟”“哥哥”在长时记忆中存在，因而容易进行语义编码；而“顽皮”以前没接触过，在长时记忆中没有储存，因而也就无法进行语义编码。那么，这个句子的意义只能依靠其他因素（如上下文或语境）来猜测了。

短时记忆中的信息超过保持的时间会丢失或遗忘，而及时的复述可使信息保持较长时间，同时也可使信息从短时记忆进入长时记忆。

3. 长时记忆

长时记忆是指保持时间在1分钟以上甚至保持终身的记忆。它是个体经验积累和心理发展的前提。长时记忆是对短时记忆重复加工的结果，但也有些长时记忆是由于短时记忆印象深刻而一次加工形成的。比如，来上海学习汉语的外国人，在游览中第一次接触“黄浦江”和“外滩”，印象特别深刻，因而很自然地记住了它们的读音。长时记忆的容量是无限的，它储存着关于世界的一切知识，为我们的一切活动提供必要的知识基础。

长时记忆主要以语义编码为主。所谓语义编码是将短时记忆中以声音与图像形式储存的信息转化为概念的或有意义的形式。比如要记住“螳螂、狗、燕子、蝉、猫、鸽子、蝴蝶、猪、黄雀”等词语，如果把它们分为昆虫类（螳螂、蝉、蝴蝶）、家畜类（狗、猫、猪）、鸟类（黄雀、燕子、鸽子），就容易记住和回忆；如果把它们组合成“螳螂捕蝉，黄雀在后”“猪狗打架，猫逐蝴蝶”“燕子南飞，鸽子捎信”等有意义的话语，也容易记忆和提取。

长时记忆中的语义编码有多种结构，如层次网络模式、激活扩散模式、特征比较模式等等（详见第三章第二节）。

长时记忆除了语义编码外，还有表象编码。语义编码是以言语代码来储存言语信息，具有听觉—运动性质。语义代码又称命题代码，它是一种抽象的意义表征，具有命题的形式。比如，“扩展是向外伸展和扩大”“誓言是宣誓时说的话”，这正是用命题来表述词语“扩展”和“誓言”的抽象意义。表象编码是以表象代码来储存关于具体客体和事件的信息的，它构成了非言语思维的表征方式。“表象代码是记忆中事物的形象，有着与实际知觉相似的性质，并且与客体相类似。”①

三、识记

识记即信息的获得，也就是信息的输入和编码过程。它需要具备以下几个条件：一是外界有信息的刺激，二是外界的信息被机体所注意和感觉，三是感觉到的信息经过编码由神经元传递。如果外界不存在什么新信息， 那么自然也就谈不上识记或获得什么信息。我们虽然在生活中会看到、听到各种信息，但是因为这一切都是熟悉的旧信息，是司空见惯的，我们往往不会去特别地注意。而一旦有了新的刺激信息，比如布告栏里贴出新海报，教室里传出悠扬的琴声，我们就会去注意观看或聆听，此时新信息就有可能为机体的感觉器官所接收。也就是说，外界的信息已经被视觉神经或听觉神经所接收（或叫“感觉登记”）。感觉的东西其编码形式是比较形象、原始的，信息在这里以图像记忆或声像记忆的形式保存，如海报上的字样、琴声的音质和音阶，在这里还没有完全被认识。它们储存

① 杨治良等. 记忆心理学（第二版）[M]. 上海：华东师范大学出版社，1999：65.

的时间极为短暂，但为进一步的信息加工提供了更多的时间和可能，对知觉活动和其他高级认知活动都有重要意义。

感觉的东西经过识别和分类就成为知觉，只有被感知了的信息才有资格进入短时记忆。海报上的诸多文字、琴声的优美旋律，这些信息经感觉登记后逐一上升为知觉，并输入短时记忆。短时记忆把这些信息进行编码，即把一长串的文字和一长串的旋律转换为符号或代码，经神经元传递给大脑的有关皮质，并在工作记忆中进行解码和整合。这时，外界海报上的文字或琴音的旋律，才得以理解和储存。这就是新信息的识记或获得的过程。

识记是记忆过程的第一阶段，是信息保持的前提。学习者有良好的识记，才有较佳的记忆效果。因此可以这么说，识记是影响记忆的重要因素。

四、识记的分类

识记按学习者有无预定目的和是否经过主观努力，可以分为有意识记和无意识记。根据识记材料有无意义或学习者是否了解其意义，识记还可以分为意义识记和机械识记。

（一）有意识记和无意识记

1. 有意识记的特点

有意识记是非常重要的一种识记。它需要具备三个条件：一是识记的目的性比较明确；二是运用一定的方法进行识记；三是需要一定的意志努力。人们在日常生活（如尝试做菜）、工作（如了解业务）和学习（如学习外语）中，经常使用的是有意识记。有意识记是一种比较复杂的智力活动，其首要条件是具有明确的目的和任务。在汉语作为第二语言教学中，我们常发现来华的海外商务人员及要求职就业的外国学生的汉语成绩更好，学习效果更显著；而那些遵从家长的意思到中国学习汉语的中学生的学习成绩和效果一般都不太理想。其原因就在于学习的目的性是否明确及明确的程度如何。目的性越明确，他们学习汉语的效果就越好，因为他们能集中注意力，有毅力地专心学习，能选择有效的方法识记语言材料；目的性不明确的学生，学习的主动性较差，注意力不易集中，也很少动脑筋选用有效的方法去识记语言材料，即使多次感知的事物也难以记住。

在有意识记中，记忆保持的时间与识记任务有关。识记任务要求长期保持的，记忆保持的时间就比较长；识记任务不要求长期保持的，记忆保持的时间就较短。比如汉语词语的识记，有些词语是要求掌握的（如“良好、优秀、优异”等高频词），外国学生在记忆中可以长时间地储存和保持；有些词语只要求领会（如“卓越、决绝、超然”等低频词），外国学生在记忆中常常只是短时间地储存和保持一下。

在课堂上，教师如能明确地向学生说明一堂课的识记目的和任务，就更容易调动学生的积极性，充分发挥有意识记的效用。

2. 无意识记的特点

无意识记指没有预定目的、不经任何努力，也不用什么方法的识记，具有很大的选择性和偶然性。所谓选择性，是指世界上的万事万物都有可能成为无意识记的对象，只要它们是具有重大意义的事物（如高考升学）、能引起兴趣和注意的事物（如旅游和参观）、能引起情绪波动的事物（如竞赛和获奖），就很容易被人们在无意中所识记。所谓偶然性，是指生活中遭遇的偶然事件或突发事件（如因水管爆裂而新楼房进水），或者是某人讲过的一句话（如“千里之行，始于足下”）、报刊上的某个醒目的标题（如《带着爷爷上学的女大学生》）等，可能令人难忘。在人们所积累的众多知识中，有相当一部分是通过无意识记获得的，而人的生活经验更是无意识记的结果。因此，如果我们在汉语作为第二语言的教学中为外国学生创设良好的学习环境，如开展一些访问或实际体验活动，经常举办演讲会、讨论会，鼓励他们跟中国学生交朋友，等等，就能帮助他们无意识记许多形象生动的话语和丰富的文化知识，拓展和深化课堂教学的内容。

无意识记既能积累知识，又可减轻学习负担，是人们获得知识信息所不可或缺的途径。但由于缺少目的性，识记的内容又带有偶然性和片段性，因而仅靠无意识记难以获得系统的科学知识。

（二）意义识记和机械识记

1. 意义识记的特点

意义识记是通过对材料的理解而进行的识记。其需具备的条件，一是运用已有的知识和经验来理解材料；二是积极地进行思维，弄清材料的意义及内部联系。比如，外国学生要记住“上海已步入老龄化社会”这句话，首先必须理解其含义。根据以往积累的有关词缀“化”的知识（如名词、形容词后带上“化”，就有“向……变化”的含义），以及“现代化、绿化、知识化、年轻化”等词语中“化”字所带有的“普遍性变化”的含义，外国学生能推论出“老龄化”是“整个社会老年人口比例增大”的意思。理解了这个关键性词语，也就弄清了整个句子的内在联系，那么外国学生也就更容易记住这个句子了。

意义识记的新材料能够为学习者的知识结构所接纳和同化，因此记忆的效果比较好，且易于回忆。美国心理学家布鲁纳（J. S. Bruner）指出，在信息的任何组织中，如果信息嵌进了一个人业已组成的认知结构之中，而减少了材料的极度复杂性，那就会使这类材料易于恢复。①

2. 机械识记的特点

机械识记是依靠机械重复进行的识记，其特点是主要根据材料的外部表现形式去识记，而不了解材料的意义及内部关系。有些材料本身就是无意义的或缺乏意义的，只能用重复的方式进行机械识记。在学习外语的过程中，许多材料往往是要进行机械识记的。比如，中国人学习英语生词采取反复拼读的方式（如B-O-O-K，book，书；S-T-A-R，star，星）记住它们。外国人认读汉字，也得反复地认、反复地写才能识记。尽管有些汉字的字形结构，有象形（如“鸟”“山”等像实物）和意合（如“人靠在树木下”是“休”、“手在目上望远”为“看”）的特点，可能有助于认读和识记，但基本上还是以机械识记为主。汉语中的一些成语（如“画蛇添足、自相矛盾”等）、惯用语（如“大手大脚、戴高帽”等），尽管具有一定的意义，但并不是按已经掌握的词法或语法规则构成的，因而也得依靠机械识记。有时，材料本身是有意义的，但学习者受语言水平的限制一时难以理解，这时不妨先让学生进行机械识记，以后再逐步理解。比如中国儿童背诵唐诗，幼时不求甚解，大了才慢慢领悟。

意义识记和机械识记是相互联系，有时也可以相互转换的。意义识记要以机械识记为基础，如对句子的意义识记就可基于机械识记积累起来

① 叶奕乾，祝蓓里．心理学（修订本）[M]．上海：华东师范大学出版社，1996：131.

的词语，机械识记也可赋予材料一定的意义来进行，如把词语“决定”和“绝对”组成“你的决定太绝对了”这样的句子来识记，因为增加了两个词语之间的意义联系，就容易记住。强生出租汽车公司电话号码为62580000，学生根据上海方言谐音“老让我拨四个零”来记忆就不会忘记了。

第二节　汉语作为第二语言的保持和遗忘

识记了的知识在大脑中储存时可能会出现两种情况：或者保持，或者遗忘。知识信息的保持是有效学习的基本要求，因而我们有必要研究知识信息保持的心理过程和方式；遗忘是学习过程中常见的现象，探究遗忘的特点及其原因，避免知识的丢失，也是心理学特别是语言心理学一直关注和重视的课题。

一、保持

识记的信息得以在大脑中储存，这就是传统心理学所说的保持。保持的心理过程就是记忆。有的信息比较重要（如高频词和语法规则等），应予以长久保持；有的信息只是暂时地起作用（如查阅词典上的有关解释），不必做长时间的保持。

（一）保持是记忆的重要环节

保持是记忆的一个重要环节，它不仅能巩固识记的信息内容，也是实现再认和回忆的重要保证。

识记的信息内容，如果没有经过保持这个环节，在大脑中就留不下任何印象，学习和认识活动就会无效。没有知识积累，没有知识结构，人类也就不可能去认识世界和改造世界。同样，在语言教学中，如果没有保持这个环节，新的词语和语法得不到旧知的同化，无法进入已有的知识结构中，学习者也就无法开展即时学习和继续学习的认知活动。因此，我们要充分掌握感觉记忆瞬时保持的特点，迅速将感知的信息送入短时记忆中做进一步的加工；同时也要充分掌握短时记忆保持时间不长的特点，在信息消失和遗忘之前，采取编码和复述的手段，将信息送入长时记忆中，以便长久保持。只有长时记忆中长久保持的信息，才能经过匹配和提取，对外界刺激做出反应或者为人们所应用。比如，新词语“妥帖”之所以能在大脑中保持下来，就是因为大脑记忆库中的“妥当”“妥善”和“贴切”等旧词的同化作用。要把“妥帖”一词输入长时记忆，也需要充分利用感觉记忆中的图像记忆（“妥帖”的词形）和声像记忆（“妥帖”的读音tuǒtiē），并在短时记忆中进行词形和词音的编码，以及多次的复述，这样才能将其长久地保持在长时记忆中。一旦有应用的需要，学习者就可以从“妥当、妥善、妥帖、贴切”等词中进行匹配、选择和提取。

（二）保持的心理基础

知识信息的保持是知识和经验在识记之后和恢复之前以暂时神经联系痕迹的形式留存于脑中的。而大脑皮质的暂时神经联系痕迹来源于对知识信息的编码。以实体的或与外界刺激基本相像的图像记忆和声像记忆构成感觉记忆，编码就是感觉记忆极为短暂地留存于感觉器官之后进入短时记忆中被加工的过程，即把信息转化为空间线索代码或声音代码的过程。比如英语的play，就要把p-l-a-y等字母编为空间码和声音码；汉语的“玩耍”也要把字形编为空间码，还要把由拼音字母组合起来的“wánshuǎ”编为声音码。它们就像通信中的电码或电脑系统中的二进位编码。只有这样的代码，才能由神经元进行层层传递，最后到达大脑皮质的有关区域，形成暂时神经联系痕迹。知识信息就是这样得以留存与保持的。

大脑皮质上的暂时神经联系痕迹，如果长久得不到刺激，就会衰退；暂时联系被抑制时，又会产生遗忘现象。也就是说，识记了的知识信息在大脑中会淡化甚至遗忘。因此，要巩固和保持知识信息就必须与遗忘做斗争。最为有效的办法是让暂时联系在一定的刺激影响下再活跃，这样知识信息就能以再认或再现的形式恢复起来。如此反复多次，知识信息就能长久地保持于大脑而不被遗忘。

可以这么说，长时记忆的形成是短时记忆活动痕迹的积累。活动痕迹一经形成就不易消退。长时记忆的容量极大，记忆广度没有限制，短时记忆输送的知识信息，只要经充分的复习，就能落户长时记忆。长时记忆有三种记忆编码用以储存信息：语言编码、表象编码和运动编码。语言编码主要是语义编码（如“宏伟”的语义编码是“规模或计划等宏大雄伟”），表象编码（也叫“情节编码”）是语言材料的视觉或听觉表象（如“宏伟”的书写形式与“hóngwěi”的语音形式），运动编码是对技能的记忆（如对“宏伟”的书写或发音）。语言编码形成的记忆称为“语义记忆”，储存概念和规则；表象编码形成的记忆称为“情节记忆”，记录个人的某些经验和情节；运动编码形成的记忆称为“感知—运动记忆”，让人能够熟练地记住技能动作。

知识信息在大脑中的保持并不是静止的，它会发生质和量的变化。所谓量的变化，即知识信息保存量的减少，会导致遗忘。所谓质的变化，即记忆内容的简化和概括，它或者详细而合理，或者表现为歪曲、替代等。①这些都与个人知识信息的多寡、应用知识信息的熟练程度、保持知识信息的方法和手段有密切的关系。

（三）汉语作为第二语言保持的方式

汉语作为第二语言的学习，知识的保持至关重要。下面几种保持的方式应特别引起重视。

1. 提高加工水平

实践告诉我们，加工水平越深，保持就越好。在识记和认知过程中，人们对有的学习材料只做表面的加工，例如查阅词典、浏览报纸等，随看随忘，保持时间极短；对重要的学习材料则做深入的加工，力求长时间的保持。比如我们看到一名女同学手上的手表，习以为常，并未加以注意，这是低水平的加工，过后就会遗忘；如果认出这是块名表，不仅我们的加工水平提高了，还有可能因为留意而记住它；要是了解到这块手表是她父母送她的生日礼物，这块表就有了意义（如示意她珍惜时间），我们对这块手表的加工也上升到了更高水平，不会忘记。这说明，我们越是注意一种刺激物的细节，越是对它做深入的心理加工，它就越能在大脑得到保持。

2. 双重编码

信息在记忆里的编码方式有两种：非言语的表象编码和言语的语义

---

① 叶奕乾，祝蓓里. 心理学（修订本）[M]. 上海：华东师范大学出版社，1996：132.

编码。一般来说，进行语义编码的材料比进行表象编码的材料保持得更持久。人们长时记忆中的知识一般都是以语义编码的形式来表征的。在汉语作为第二语言教学中，抽象词常常采用语义编码储存，而具体词既可以用表象编码，又可以用语义编码，这就是双重编码。心理学认为单一编码的材料保持较难一些，双重编码的材料保持时间更长久。因而在实际的词语教学中，我们应该充分调动学生的想象力，尽可能让学生进行双重编码。比如"污染"一词，我们除了采用语义编码"使沾染上有害物质"之外，还要启发学生想象"烟囱冒黑烟、河水发绿变臭、汽车排尾气"等景象进行表象编码，那么这个词语就能长久地储存在学生的脑海中。

3. 超额学习

超额学习又叫"过度学习"，指在学习达到刚好成诵以后的附加学习。识记的知识信息经过复述（再认或再现）就能较为长久地保持；但有些信息较大的知识信息，如数理化中的公式、定理、规则，语文中的诗歌、名人格言和精彩段落，仅靠一两次的复述还不能完整地记住它们，可能要经过多次复述才能背诵出来。即使到了能够成诵的程度，亦需再接再厉，趁热打铁，进行超额学习。超额学习以在成诵的基础上再增加50%的努力为宜。时间过多，学习者会厌烦；时间少了，达不到长久保持的效果。教师要求学习者能够记忆和背诵典型的语句（如教材中的范句）和精彩的课文段落，这时可采取超额学习的方式。

此外，适当地运用一些记忆方法，也能提高保持的效果，如赋予意义法、谐音法等。赋予意义法是把外语单词、历史年代、人名、地名等需机械识记的材料人为地赋予一些意义来帮助记忆。比如，把"缓解""辞职"和"精神"放在句子"他决定辞职来缓解精神压力"里，有了一定的意义，外国学生就容易记忆。谐音法是把某些外语单词的读音跟母语中相近的音联系起来进行意义联想，这样学习者对其印象就会比较深刻。

二、遗忘

遗忘作为一种心理现象是经常发生的。人们识记的知识信息，由于停留在不同等级的记忆储存系统中（如感觉记忆、短时记忆、长时记忆等），其保持和遗忘的程度也会有所不同。而且，识记材料在记忆系统中停留时间的长短及其有无意义，难易、篇幅、位置如何都会对遗忘产生一定的影响。

（一）遗忘及其特点

遗忘是对识记过的内容不能再认和回忆，或者表现为错误的再认和回忆。①

由于加工程度不同，识记的信息内容会出现不同程度的遗忘。进入感觉记忆的信息，遗忘得最快，因为它们在那里只能保持约两秒钟；进入短时记忆的信息，保持的时间略微长些，但也只能保持在一分钟以内，过后就会消失；只有进入长时记忆的信息才能保持长久，但有时回忆起来也很艰难，会“卡壳”或出错。

心理学家经过实验和研究，认为遗忘的产生有以下因素：

1. 时间

艾宾浩斯（Ebbinghaus）以自己为被试对遗忘现象进行了系统的研究，发现了一条规律：遗忘进程不是均衡的，在识记的最初阶段遗忘很快，后来逐渐缓慢，到一定时间后几乎不再遗忘。也就是说，遗忘的发展是“先快后慢”。这就是有名的艾宾浩斯遗忘曲线。如图4-1②所示：

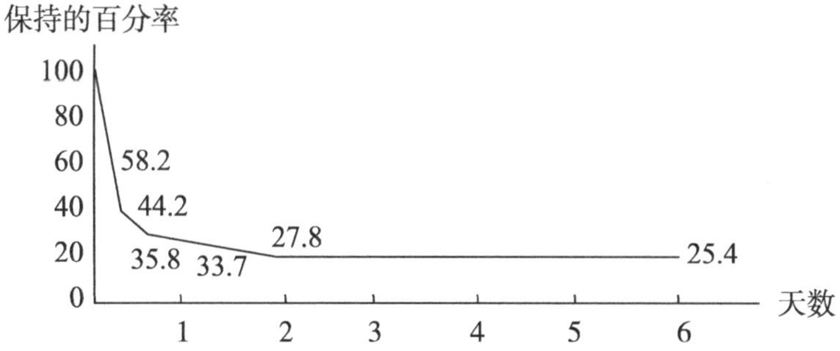

图4-1　艾宾浩斯遗忘曲线

2. 材料的意义和作用

有意义的、作用大的材料容易识记和保持，最容易遗忘的是对识记

① 叶奕乾，祝蓓里. 心理学（修订本）[M]. 上海：华东师范大学出版社，1996：133.

② 叶奕乾，祝蓓里. 心理学（修订本）[M]. 上海：华东师范大学出版社，1996：134.

者来说没有重要意义的、不需要的、对工作学习帮助不大的那些材料。比如，在汉语作为第二语言教学中，课文中的低频生词、课文中与情节关系不大的句子，课后不久就会被遗忘。

3. 材料的性质

不同性质的材料对记忆也有影响。一般来说，有情节、有形象的材料更容易记忆和恢复，遗忘速度也较慢；而说明性和理论性的材料比较容易遗忘。比如看电视剧，由于有情节、有形象，所以我们印象深刻，遗忘较慢；而收听新闻广播，由于大多为报告性的，过后就容易遗忘。学习汉语课文也是如此，学生对小说和记叙文记忆较深，遗忘速度较慢；对说明文和议论文记忆较浅，遗忘速度就快。

4. 材料的长短

虽然识记材料的困难度并不一定随着材料长度的增加而成比例地增加，但是识记材料的长度确实影响着识记的效果。材料越多、越长，用来诵读和练习的时间就越多。如果没有充足的时间来反复练习，那材料就不能被充分地识记和记忆，结果就会造成遗忘。语言教学所用的课文篇幅一般都有所控制，就是考虑到了这个因素。

5. 材料的系列位置

识记材料的系列位置不同，遗忘情况也不一样。学习系列性材料，一般开始的部分最容易记住，末尾的部分次之，中间偏后的部分则最容易遗忘。学习汉语课文，尤其是缺乏情节和形象的议论文，外国学生一般只能记住课文开头所提出的论点，以及最后所做出的结论。至于中间部分是如何展开说理和论证的，则较易淡忘。

（二）遗忘的原因

短时记忆和长时记忆都会发生遗忘，但遗忘的原因不同。

1. 短时记忆遗忘的原因

短时记忆是以迅速遗忘为特征的。因为短时记忆的容量很小，一般人只有7 ± 2个单位。但是所接收的外界信息不止这些，而且后续的信息源源不断地由感觉登记输入，那么饱和了的短时记忆要接纳新的信息，势必发生两种情况。一是排斥，即把超载部分拒之门外，不再予以接收。比如，外国学生学习时间过长，大脑里再也装不进新的东西，就是这种情况的反映。二是替换，即新的信息把短时记忆中的旧信息挤走，取而代之。可能挤走一部分旧的，替换一部分新的；也可能全部进行更新，旧信息全部让位于新信息。比如，学习课文的一个段落或一个句群，学生在吸收、接纳后面的句子时，必然要把前面的句子从短时记忆中部分或全部清除，才能让后续的信息替换进来。因为同一个段落或句群内的句子之间是有意义关联的（或者几个句子的主体是同一个，或者动作是连续的，或者是同样的对象，等等），所以短时记忆一般不会把所有的旧信息全部替换掉；但是当另外换一个段落或句群时，短时记忆则可能清空所有的旧信息，全部接收新信息。

信息的重复可以阻止短时记忆的遗忘，并将信息输入长时记忆。从这个意义上说，重复可以看作巩固原有记忆痕迹的过程。如果识记的信息得不到重复，记忆痕迹可能随着时间的推移而衰退。可见，记忆痕迹衰退也是导致短时记忆遗忘的重要原因。

2. 长时记忆遗忘的原因

长时记忆中的知识信息是以一种复杂的网络结构形式储存的，因而能够保持长久；但是某些信息如果放置在某个角落长时间不被刺激或动用的话，也会被遗忘。其原因有四种说法：

（1）痕迹衰退说。这是一种传统的解释。按照这种理论，学习时知识信息经过编码，由神经元传递至大脑皮质，就会在皮质上留下痕迹。编码次数越多，所留的痕迹就越深。记忆痕迹如果得不到强化，就会逐渐减弱，以致最后消退。那么，有关的知识信息也会因此而被遗忘。

（2）干扰说。现代心理学认为遗忘更多与干扰力量有关。一般来说，外界的刺激能与长时记忆中的知识结构形成联想结，只要没有干扰，长时记忆必然能做出反应。换句话说，这些联想结能够长久地保持在长时记忆中。但是，长时记忆在由大量新信息构成复杂联想结的过程中，“可以很微妙地使编织在那些结构中的信息趋于迷乱”，[①]也就是说，某些新信息的输入干扰了原有的知识结构，两者相互产生抑制，致使所需要的材料不能提取。比如，头脑里记忆的电话号码较多，又有几个新的电话号码输入，新旧号码混杂在一起相互抑制、相互干扰，导致有些原本记得的电话号码很可能就回忆不起来了。

（3）依存线索说。这种观点认为回忆不出某种东西不是因为我们的记忆衰退了或受到了阻碍，而是因为线索条件离人们试图回忆的事情太遥远。也就是说，长时记忆中的有关信息并未真正遗忘，还存在于知识网络之中，等待着恰当的刺激条件将它们释放出来。人们识记信息是根据知觉对象与当时环境中的种种线索来进行编码的，如果提取的时候刺激信息所依存的背景和线索不足，则不能匹配记忆中项目编码的性质，信息也就不能从记忆中回忆出来。比如，外国学生学习“画蛇添足”这个成语故事，留存于大脑中的信息有情节线索、语词线索、语音线索等多种线索，形成一个复杂的联想结。现在听到有人说：“他这样做，完全是蛇足行为。”其中的“蛇足”跟大脑中所储存的“画蛇添足”在线索上不完全匹配，因而他们不理解“蛇足”这个词语的意思。也就是说，学生听到“蛇足”，却由于线索不足而无法提取出业已储存的“画蛇添足”的知识信息。

（4）同化说。这种观点认为，在真正的有意义学习中，前后相继的学习不是相互干扰而是相互促进的，因为有意义学习总是以原有的学习为基础，后面的学习是前面学习的深入和扩充。但是如何解释实际存在的遗忘现象呢？比如，人们常会忘记曾经理解的概念、原理或运算法则。奥苏贝尔（D. P. Ausubel）的同化说认为遗忘是知识的组织与认知结构简化的过程。当人们学到了更高级的概念与规律以后，高级的观念可以代替低级的观念，使低级的观念遗忘，从而简化了人的认知结构并减轻了记忆负担。[②]这是一种积极的遗忘。比如，外国学生学习汉语，开始接触和记忆的是单纯趋向动词“上、下、进、出、回、过、起”等，之后学习了复合趋向动词“上来、下去、进来、出去、回来、过去”等。这些复合趋向动词里已经包含了单纯趋向动词，学生就没有必要再去强化单纯趋向动词的记忆，即使遗忘也没关系。

---

① ［美］罗伯特•L. 索尔索. 认知心理学 [M]. 黄希庭，等译 . 北京：教育科学出版社，1990：230.

② 邵瑞珍. 学与教的心理学 [M]. 上海：华东师范大学出版社，1990：56.

不过也存在一种消极的遗忘，那就是原有的知识不巩固，或者新旧知识辨析不清，以原有观念代替表面相同而实质不同的新观念，或者对新知曲解，从而导致提取错误。比如，由于“询问”和“发问”的意义差不多，外国学生分辨不清，常把“发问”混同于双宾动词“询问”，依照“他经常询问老师一些问题”的句式，说成“我发问老师一个问题”。

（三）前摄抑制和倒摄抑制

干扰导致遗忘，这是心理学界较为普遍的一种理论和学说，称为“干扰效应”。干扰效应表现为前摄抑制和倒摄抑制。

1. 前摄抑制

先前学习的材料对后面学习的材料的干扰叫“前摄抑制”。

前摄抑制一般表现在无意义材料的记忆中，它是造成大量遗忘的重要原因。人对事物的印象常有先入为主的特点。先前学习的东西如果在头脑中留下较为深刻的印象，那么后面学习的东西受先前学习的干扰（尤其是类似的材料）就很难扎根。比如，按照课文中的生词表的次序学习生词，学习和记忆前几个生词后，后面所学习的生词就较难记住了；或者在学习本课生词时，有些词（如“快活、快意、欢快”等）跟以前学过的词（如“快乐、愉快”）在意义和组合上比较类似，那么学习过后，头脑中仍然只有“快乐、愉快”等旧词，新词的巩固就较为困难了。

实验表明，前摄抑制跟学习的次数和保持的时间有关。如果先前的学习次数较多，前摄抑制的情况也会增加，对后面学习的干扰也比较明显；如果先前学习的材料保持时间增长，前摄抑制也会提高。比如，学生先前学习生词“接头”，其中两个意义——“连接两个物体”“联系或接洽（领导叫我来跟你接头）”通过多次反复在头脑中保持了下来，现在再要学习“接头”的另一个意义——“熟悉某事的情况（我刚来，这件事我还不接头）”，外国学生因受前摄抑制而记忆困难。

2. 倒摄抑制

后面学习的材料对先前学习的材料的干扰叫“倒摄抑制”。

后面学习的材料，因为记忆犹新，也会干扰先前学习过的材料。生活中这样的情况屡见不鲜：记住了新的电话号码，忘记了过去曾记得的电话号码；翻译文章时查阅词典，查了后面的词语，把先前查过的另一个词语的意思给忘了；等等。如果没有后面的学习，那么先前学习的材料在一段时间内只会有很少的遗忘。

倒摄抑制与前后两种学习材料的相似度有关。如果学习材料的差异逐步缩小，那倒摄抑制的作用会逐渐加大。如，学习“临时、即时、及时、暂时”等生词，由于“即时、及时”跟“临时”的差异大些，干扰还不怎么大；而“暂时”跟“临时”比较接近，干扰就要大些。如果先后学习的材料完全相同，那等于是同一材料的复习，则不会产生倒摄抑制。比如，先后几次学习同一个词“临时”，由于重复学习，学习者的记忆得到了强化。如果先后识记的材料完全不同，则倒摄抑制的作用最小。比如，学习生词“临时”和“长远”，两者除了都表示一定的时间意义外，很少有相同之处，因此可能不会产生倒摄抑制。

倒摄抑制与前后两种学习材料的难度有关。人们学习两种不同的学习材料，如果后面学习的材料难度高，那精力都会放在难学的材料上，对先前学习过的材料的抑制作用就大。比如，外国学生学习上海话的发音，强化上海话中几个特殊声母或韵母的发音，可能会影响他们原先已经熟练的普通话发音。如果后面学习的材料比较容易，干扰作用就小。比如，相较于收听新闻广播、收看娱乐性节目，对先前学过的语音和词语很少发生或不发生抑制作用。成人学习语言，由于接触的事物多，令之分心的信息也多，因而产生倒摄抑制的现象较为普遍。

在学习同一种材料的过程中也会出现前摄抑制或倒摄抑制。比如，学习一篇长课文或课文中的生词表，一般开头部分容易记住，这叫作“首位效应”；结尾部分也容易记住，叫作“新近效应”；中间部分较难记住。这就是因为开头部分只受倒摄抑制的影响，结尾部分只受前摄抑制的影响，而中间部分要受到前摄和倒摄两种抑制的影响。在教学过程中，教师如果有意识地安排几个活动段落，则可以产生多个首位效应和新近效应，这对减少干扰、识记知识颇为有益。

（四）复习与记忆

复习是加深记忆的有效方式。明确复习的作用，采取恰当的复习方法，有助于记忆。

1. 复习的作用

孔子说：“学而时习之。”这句话就强调了复习的重要性。只学而不进行复习，犹如熊瞎子掰玉米，掰一个，丢一个，无所成就。只有经过复习，有关的神经元与大脑皮质之间的联系得以增强，识记的信息才可以从短时记忆输入长时记忆中进行储存，新的知识也才有条件充实或改变大脑中已有的知识结构，这样才能避免或减少遗忘。

2. 复习的方法

复习有效率问题。根据心理活动规律进行复习，可以提高复习的效果。

（1）及时复习。根据先快后慢的遗忘规律，复习必须及时。短时记忆中的信息储存时间极短，应该抢在信息丢失之前进行复习，使之进入长时记忆。知识信息即使进入长时记忆，也有可能遗忘，还需在应用中再认或再现，使新接纳的知识信息经常处于活动状态。研究表明，信息识记后的两三天内遗忘最多。因而，学习语言最好在24小时内及时进行复习。

（2）合理分配复习时间。合理分配复习时间是保证记忆的重要条件。复习有集中复习、分散复习和超额复习等几种。

集中复习是在相对集中的一段时间内对所识记的某类知识内容进行的复习。比如语言教学的初始阶段，总是集中两到三周的时间识记和复习汉语普通话的语音，作为后面学习的基础；汉语水平考试（HSK）前，教师若能集中一段时间对考生进行考前复习和辅导，能让学生在考试中有较好的发挥。

分散复习是将有关的识记内容分散穿插在平时的学习中的一种复习。比如对汉语语音的发音训练，除了相对集中一段时间进行系统识记和复习外，在后面的学习中也应结合课文进行分散的复习和训练。

超额复习是在学习成诵的基础上再加大学习量的一种复习。比如学生对某类词语（如有关颜色、人体部位、气候、交通等的词语）尽管已能认读和背诵，但如果再加大学习的量，就能将它们牢牢地记在大脑中。

这几种复习要合理地分配和组织。复习的时间过分集中，容易产生干扰；过于分散，容易造成遗忘。超额复习过多，学生容易厌烦；但复习时间不足，则记忆不能持久。我们应当根据识记的阶段和材料的内容来分配复习的形式和时间。比如，最初的识记保持时间较短，需及时地进行复习，安排复习的次数应该密一些，以后各次的复习间隔可长一点儿；对机械识记的内容，分散复习的效果较好；复杂的内容，以集中学习和集中复习为宜。

（3）反复学习和回忆相结合。反复学习是为了更好地记忆。反复几次，需用多长时间才能保证记忆，这是个变数，常因人、因记忆对象而异。在复习过程中采用试图回忆是个较为有效的办法：一则试图回忆可以说是一种及时性的提取，能促进大脑的积极活动；二则它又是一种自我检查的过程，可以让学习者集中精力去攻克不能回忆的部分或改正回忆中的错误。比如背诵一首唐诗，单纯地一遍又一遍地诵读效果不大，如果念读若干遍后，试着进行背诵，并针对生涩的诗句或背不出的部分重点记忆，记忆效果就会大增。

（4）多样化复习和多感官复习。采用多样化复习是提高记忆的有效措施。单一的复习方式，如学习生词，机械地认读，无数次的抄写，容易产生疲劳，记忆效果一般。如果复习和练习的方式多样化一点儿，丰富一点儿，比如采用填词、选词、连词造句、写近义词或反义词等方式进行复习，就能提高记忆效果。

调动视觉、听觉、触觉等多种感官参与复习活动也是提高识记效果的一个重要条件。学习语言，有形象地听（如面对面地交谈、看电视等）与单纯地听（如听录音或广播）效果是不一样的，前者容易理解和记住，因为言语材料和视觉形象结合是储存大量信息的基础。为此，一些院校的汉语作为第二语言教学专门设置了视听说课程，目的就是充分调动学生的多种感官来参与识记。

第三节　汉语作为第二语言的再认和回忆

再认和回忆是人们从大脑中提取有关知识的两种心理活动。它们都是在知识信息的识记和保持的基础上进行的，属于知识的输出和应用。再认心理活动较多地应用于读和听的过程中，而回忆这一心理活动则较多地应用于说和写的过程中。

一、再认

经历过的事物再度出现时能够把它辨认出来叫作“再认”。识记了的信息储存到长时记忆的知识结构中，它们对外界同样的刺激信息可以做出反应。也就是说，经历过的事物再度作为刺激信息出现在学习者面前时，这些刺激通过短时记忆的编码传递到长时记忆中，长时记忆根据刺激信息的编码线索（即事物的各个部分及其特点等）在知识结构中搜寻与之相近或相同的模式，这就是匹配；将匹配了的模式移入工作记忆中进行辨别和认识，这就是提取和再认。

（一）再认的速度和确定性

再认的速度是指当经历过的事物出现时个体再认反应的快慢。这取决于储存的信息和线索之间的联结强度。如果一个线索引发了许多联想反应，搜索的时间就会加长；如果一个线索只引出一个或几个联想反应，搜索时间就会缩短。比如，语素“合”这个线索能在长时记忆中引发出“合并、合法、合格、合适、合作、合算”等词语，那么再认“合适”这个词语时，就要排除许多有关的联想词语后才能把它找出来，当然比较费时；但在汉语作为第二语言学习的初始阶段，学习者头脑中可能只有“合作”和“合适”等少数几个词语，那么再认“合适”这个词语时，干扰就较少，费时也较短。当然，再认的先决条件是对旧事物的识记比较牢固。如果记忆模糊不清，那么再认是很难或根本无法实现的。

再认的确定性是指再认事物时能够认准而不发生错认。这需要具备两个条件：一是由识记编码而进入长时记忆的信息模式本身是正确无误的，如果识记片面或有错误，再认就很难进行；二是当前出现的事物与以前识记过的有关事物的相似度较高。比如，外国学生书写的汉字，如果笔画和结构正确，没有缺横少点或部件错置的情况，其他学生看到后，由于跟原来所识记的汉字基本相似，再认自无困难；如果字体有了变化，或者是行书，或者是草书，由于跟原来记忆的字形相差太大，学生就很难再认了。

（二）再认的转化

再认在进行困难的情况下就会转化为回忆。这是同一个心理活动的两个相连阶段。再认只是反应的前一阶段，它的表现是反应迅速，费时较短；回忆是再认的后一个阶段，它的表现是反应较慢，费时较多。因而再认能够解决当前的问题时，回忆就不再进行。

再认进行困难的具体表现是：似曾相识，却很难确认当前的事物同以往经历过的事物是否一样。这时就需要进行回忆，从各种线索和相关方面去思索和追忆，直到发现当前事物同以往经历过的事物有共同特征，才能得以再认。比如，外国学生看到“威风”“威严”中的“威”字，颇有熟悉感，但一时无法再认，因为头脑中还有两个与之相似的字“成”与“戒”在干扰，于是开始回忆。“成”字的字形是包含“戊”的，笔画比较简单；“戒”字常看到的是与“烟”相连在一起的“戒烟”这个词，跟当前看到的字形差得很远。经过比较和排除，学生确认当前看到的“威”字的特征与记忆中“威”字的印象完全吻合，于是“威”字就得到了再认。

二、回忆

经历过的事物不在眼前时能把它重新回想起来，叫作“回忆”。这与再认有所区别。拿识别词语来说，再认词语，只需要将该词与记忆中相应的词匹配起来就可以；而回忆词语（如需要回忆一个表示“选拔”的词语），却要在同类结构的词（如“挑选、提拔、提升、选择、选拔”等）中搜索，直到“正确的”项目被找到为止。可见，回忆的心理活动较之于再认要复杂一些。当然，再认和回忆是不能截然分开的。能回忆的，一般都能再认；能再认的，不一定能回忆，尤其是无意识记的信息。

（一）有意回忆和无意回忆

根据回忆是否有预定的目的和任务，我们可分为有意回忆和无意回忆。

1. 有意回忆

有意回忆是带着目的和任务自觉地去追忆以往的某些经验。《木兰辞》中有这样的句子：“问女何所思？问女何所忆？”这说明“思”和“忆”是有点儿区别的。“思”带有联想的成分，“忆”则是对往事的追溯。在日常生活、工作和学习中，回忆是经常展开的、最为常见的心理活动。比如写日记或书信时，要回忆最近所做过的事；汇报工作时，要回忆过去一段时间完成任务的情况；学生考试时，为解答问题要回忆以往学过的材料；等等。

2. 无意回忆

无意回忆是不带目的和任务，只是在某种情景中自然而然地想起以往的某些经验。我们常说的“触景生情”“触动了某根弦”就是无意回忆的写照。参加朋友的婚礼，我们会自然回想起自己或同学的结婚场面，外国学生学习课文《中国的春节》，会回忆起在中国过年的经历和情景，这些都属于无意回忆。

（二）直接回忆和间接回忆

根据回忆是否需要中介，我们可以将其分为直接回忆和间接回忆。

1. 直接回忆

直接回忆不需要其他事物为中介即可提取有关信息。比如，我们在生活中对常见蔬菜的形状、对马路上交通标志的含义，在学习中对背熟的乘法口诀、对熟悉的外语单词，一般都可直接回忆出来。

2. 间接回忆

间接回忆需要以其他事物为中介，并经过一系列推理过程才能提取有关信息。比如，“十年离乱后，长大一相逢。问姓惊初见，称名忆旧容”，具体而形象地描述了依靠名字为中介而回忆起旧友的过程。又如，外国学生一时想不起“突然”这个词语的词性时，就可把熟知的副词“忽然”拿来对照：它们同样都表示时间的短促，也都可做状语修饰动词（如可说“忽然下起雨来了”，也可说“突然下起雨来了”），因此可初步考虑“突然”也属于副词。然而，“突然”可被其他副词修饰（如可说“很突然”），“忽然”则不能（如不说“很忽然”），由此推论“突然”是形容词。通过这样的对比，学生就能回忆起有关的信息和内容。可见，间接回忆包含积极的思维成分。

回忆进行困难是因为有干扰，常见的干扰因素有两种：一种是受优势活动的抑制，如写作文时，某一个常用字怎么也想不起来，就是因为写作构思这种优势活动抑制了对那个字的回忆；另一种是受紧张情绪的抑制，如参加考试时，原来很熟悉的知识却忘记了，就是因为考试的紧张情绪抑制了对这种知识的回忆。此时，如果转移注意力，暂时不去管它，过一会儿后抑制解除，有关的经验往往会重新回忆起来。

回忆不出以往的经验内容，除了干扰因素或记忆的内容本身有错外，还有可能选择了错误的中介性联想。人们的回忆常常以联想的形式出现。客观事物之间总有千丝万缕的联系，具有不同联系的事物反映在头脑中就形成各种不同的联想。有些事物在空间或时间上相接近，就形成接近联想。比如由种植花草树木想起环境的净化，学生看见教师上课看手表会想到要下课了。有些事物有相似的特点，就形成类似联想，比如由鲁迅想起高尔基，由鞭炮想到烟花。有些事物有对立的关系，就形成对比联想，比如由光明想到黑暗，由甜蜜想到苦楚。有些事物有因果关系，就形成因果联想，比如由冰想到冷，由火想到热。如果回忆所运用的中介联想有误，那么就可能出现回忆有错或回忆不出的现象。比如，外国学生做关联词的填空练习：________他年纪不大，________已有很丰富的工作经验了。这个句子是个转折复句，应该填写“虽然……但是……”。但外国学生由于错误地运用了因果联想——因为年纪轻，头脑灵活，所以有可能积累丰富的工作经验，于是填上了“因为……所以……”。

本章小结

记忆有信息的识记、信息的保持和信息的提取三个基本环节。

信息的识记有有意识记、无意识记、意义识记和机械识记，不同的识记对记忆有不同的影响。

信息的保持和遗忘对汉语作为第二语言的学习有着重要意义。信息保持是记忆的重要环节，采用恰当的方式有助于信息保持的长久。遗忘是人在认知过程中受时间因素和具体材料的影响而经常发生的现象。遗忘产生的心理机制有痕迹衰退说、干扰说、依存线索说、同化说，其中干扰说表现为前摄抑制和倒摄抑制两种情况。采用多种复习方式是防止遗忘、有效保持知识信息的有力措施。

信息的提取具体表现为再认和回忆。再认是经历过的事物再度出现时能把它认出来，回忆是经历过的事物不在眼前时能把它重新回想起来。汉语作为第二语言的学习经常使用再认和回忆这两种提取手段来应用和巩固已学的知识。

知识运用

1. 比较有意识记、无意识记、意义识记和机械识记的不同作用，你认为汉语作为第二语言的学习应怎样利用这四种识记。
2. 一般来说，遗忘总是消极的，但是遗忘这种心理活动也可能是积极的。它和信息的保持有着怎样的辩证关系？
3. 经历过的事物如果得不到再认或回忆会有哪些原因？

第五章　对外汉语听力教学的心理分析

听力和阅读一样，它们都是知识信息的输入，不过听力主要用听觉来感受和接收，阅读主要用视觉来感受和接收。它们在汉语作为第二语言教学中有着重要的地位和作用。

阅读时感受和接收的是语言的形，听时感受和接收的是语言的音。这一串串语音代表的是什么意义，它们必须经过一系列的加工、转换和整合，才能真正被理解。我们只有明确从语音转换成意义的这一“接收—理解”的心理活动和心理过程，才能针对听力难点，采取有效措施，提高汉语作为第二语言学习的听力理解水平。

第一节　听力的心理机制

听力从接收语音到建构意义，再到理解，这中间要通过听觉、译码和思维的心理加工过程。正确地切分音节、切分词语和切分句子是听力理解的必要条件和前提。

一、听的心理过程

听接收言语信息，它是言语信息输入和理解的过程。听话者听到说话者的声音后，先从声音转换成言语信息，再建构意义进行理解，这是一个心理加工的过程。这个心理加工过程可分为听觉加工、译码加工和思维加工三个连贯的阶段。[1]

① 徐子亮. 汉语作为外语教学的认知理论研究 [M]. 北京：华语教学出版社，2000：227.

（一）听觉加工

听觉加工是一个系列的加工过程。先由听觉器官筛选听到的自然音，过滤出相关的语音，然后在语音中再进行甄别，提取出汉语音节；该音节在短时记忆中做暂时的停留，并成为线索激发长时记忆中的语音知识，提取出汉语语音系统；在汉语语音系统的监控下分析出汉语音节的声、韵、调。[①]这个过程有听觉器官的接收和筛选，有短时记忆的编码，有长时记忆语音知识的监控。这些基本上是同步完成的。只有不好甄别的语音，才有可能在加工过程中出现较为明显的停顿和思索。

在实际生活中，听到的语音常常不是一个音节，而是由多个音节组成的一句话或一段话，所以听觉登记要加工的是一长串的语音流。也就是说，它要接连不断地筛选、过滤、甄别、辨析，确定语音流中每个音节的声、韵、调。例如，听觉器官在自然音中先过滤出汉语音节ta-nian-ji-sui-xiao-que-hen-hui-ban-shi组成的一串语音流，然后在长时记忆中的汉语语音系统的监控下分析出语音流中每个音节的声、韵、调：tā-nián-jì-suī-xiǎo-què-hén-huì-bàn-shì。

（二）译码加工

译码加工也是一个系列的加工过程。先根据短时记忆中已编码的汉语语音音节的声、韵、调线索，在长时记忆中搜索储存的、与语音编码相匹配（即声、韵、调相近或相像）的词语模式（如nianji）；这样的模式可能有好几个（如跟nianji相匹配的有“年纪”“年级”等），筛选出与外界语音刺激完全一致的词语（这里选择“年纪”）；再把它提取到工作记忆等待与别的词语组合。如此反复，我们把语音流中的汉语音节都匹配成词语模式（如上述语音流的词语模式分别是：他、年纪、虽、小、却、很、会、办事），然后将它们提取到工作记忆中进行组合。而一时匹配不上的语音信息（如que是“缺、确”，还是“却”，banshi是“办事、半世”还是“版式”，一下子定不了）则暂存在记忆库，以备下一阶段思维加工时运用。[②]

---

① 徐子亮，吴仁甫. 实用对外汉语教学法 [M]. 北京：北京大学出版社，2005：143.

② 同上。

（三）思维加工

思维加工主要进行的是语言信息的组合与理解。按储存于长时记忆的语法规则，我们把上一阶段先后提取并暂存在工作记忆中的词语模式组合成言语形式，同时修正提取有误的词语；然后再把言语形式转换成命题，或直接用目的语表达语义，或转译成母语表达语义。例如，我们对上述的语音流进行译码加工，匹配并提取“他、年纪、虽、小、que、很、会、banshi”等词语模式到工作记忆，然后进行组合。按照语法规则，如果前一句子有连词“虽”，那么就可以确定后面的que应该是“却”；如果确定了这里的“会”是动词，那么后面的宾语就应该是动词性词组“办事”。整个句子组合起来就是：他年纪虽小，却很会办事。转换成命题（即句子的意思）是“年纪小”“他会办事”。至此，这个语音流的意思就很明确了，听话者真正听懂了句子的意义。所以，听力理解实际上就是“根据声音建立话语的意义，即了解说话人所传递的消息的内容和意图”。[①]

二、切分

语流中的音是连续的，除了两个句子之间的停顿和句子中的逻辑停顿较大外，音与音之间的停顿都很小，没有一定的言语经验，难以切分。正确切分语音关系到匹配和选择语音流中的词语，以及分析和确定语音流中的句子结构，这些都直接影响着听力理解。

（一）语音流中音节的切分

外界的语音信息表现为一串连续的语音流，由听觉器官接收并输入短时记忆。短时记忆（即工作记忆）面对这一串语音流的首要加工任务是将其切分为符合汉语语音系统和拼音规则的小单位，即音节。也就是说，工作记忆中的语音流受长时记忆中的汉语语音系统的监控。这是识别和理解语音流所蕴含的意义的基础。但是，由于听话者本人条件（包括辨别语音

---

① 桂诗春. 实验心理语言学纲要——语言的感知、理解与产生 [M]. 长沙：湖南教育出版社，1991：332.

的能力、语言感觉、语音知识等）的限制，或者说话者发音模糊，切分可能会出错。例如，fā-chū-huǒ-huā（发出火花），误切为fā-chū-huà（发出话）；fú-wù-bù（服务部）误切为fù-bù（腹部）。

（二）语流中词语的切分

将语音流切分为音节是切分的第一阶段，目的是根据音节线索在长时记忆中的词语网络（即心理词典）搜检能与所切分的音节相匹配的词语，这是能否正确理解句意的关键。由于汉语音节的同音词较多，例如同一个piao，就有“票、飘、漂、瓢、剽”等词，我们需要根据前后音节和词语的因素去选择和确定；又由于汉语的词语有单音节词、双音节词和多音节词，我们切分时有可能把双音节词切成单音节词，或把单音节词跟别的词切在一起，影响词语的组合和语义的理解。例如，语音流lā-jī-zá-wù-děng-bù-dé-fàng-zài-cǐ-chù，正确的切分应该是：垃圾—杂物—等—不得—放在—此处。如果切得不准，可能切为“垃圾杂物等，不得放，在此处。”或者“垃圾杂物，等不得，放在此处。”前一句因为切分的词语错误较多，有点儿不知所云；后一句因为把“等”与“不得”连在一起而成为“等不得”，结果跟原来的句意正好相反。

（三）切词组句

我们上面对词语的切分，实际上已经涉及切词组句的问题了。切分会根据前后音节来判断，但这样的切分有可能选词不当，或者不符合汉语的语法规则，或者语义不合情理。因此我们要把切分出的词语及几个词语之间的关系放在句法规则和语义范畴中来考察和推敲才准确。也就是说，我们要在长时记忆中的语法知识和思维规则的指导下，对初步选出的放入工作记忆中的词语进行修正、搭配和组合，才可以理解句子的意义。例如，我们对上面切分出的词语进行语义和语法的修正后，就可正确地切分为：“垃圾杂物等，不得放在此处。”

由此可见，汉语语音、语义和语法知识是听力理解过程中进行正确切分的依据。

第二节 听力教学难点的心理分析

听力是汉语作为第二语言学习的一大难关。外国学生在汉语学习中深感头疼的莫过于听力理解。日、韩学生尽管有汉字的背景和基础，在汉语阅读方面有一定的优势，但离开汉字的形，光凭汉字的音来听懂汉语，也会感到十分困难。概括起来，听力教学难点反映在以下五个方面。

一、听音能力取决于储存的语音是否标准

外国学生的听音、辨音能力的强弱，跟他们学习和储存的汉语语音是否标准有关。大脑里储存的汉语语音标准和正确，听音、辨音的能力就强，反之则弱。而后者往往成为听力教学的难点。

（一）听力难点的表现

外国学生初学汉语，听音和辨音的能力普遍不强，听错字音与听对字音相比，前者要高得多；在课堂上能听懂的词语和句子，一离开课堂就反应不过来；有时候，听到的词语并不是生词，可就是听不出来。这些都说明储存在学生大脑里的汉语语音跟听觉器官所感受到的外界实际语音存在着一定的差距。因而即使是已经学过的熟悉的词语，学生听着也会觉得难以辨别。

（二）形成难点的心理分析

造成学习者语音上的错误，有教学上的客观原因，也有学习者的主观因素。教学上的客观原因是：用教师领读、学生跟读的模仿方式来教汉语拼音，课堂效果追求的是一种近似音。学生没有从发音部位、发音方法、口型圆展、舌头升降来真正掌握汉语的声母和韵母，所以容易跟母语的语音混淆在一起。认知心理学告诉我们，信息在储存过程中，由于“跟过去经验有关”而“发生变化”，这种变化实际上在“某种程度上被歪曲”。[①]语音作为一种外界的信息，与其他的感觉信息一样，是作为一

① ［美］罗伯特・L.索尔索.认知心理学[M].黄希庭，等译.北京：教育科学出版社，1990：15.

种抽象的表征储存起来的。语音的抽象化储存也因过去经验的影响而发生“被歪曲”的现象。学习者的主观因素是：原有的母语语音系统深深地植根于学习者大脑的语言中枢神经区，他们容易用母语中的相似音去比附或同化新引入的另一种语音系统的音，有意无意地将母语语音融入汉语语音，而且极易形成新的、很难纠正的固定音。如果学习者所掌握的汉语语音是一种带有母语语音色彩的近似音，那么储存于他们大脑中的汉语语音就是一种一定程度上被歪曲了的语音。他们发出的汉语语音也会带着浓重的母语语音，并以此为标准来辨别和接收外界的实际语音，反而把汉语的标准音拒之门外，传播那种被歪曲的语音并用于交际。另外，由于学习者习得的汉语语音基本上是模仿得来的，所以他们往往只熟悉和习惯某位或某几位教师的发音，久而久之，他们就不适应、甚至排斥实际交际的汉语语音。这是学习者走入社会一时无法用汉语交际的原因。

二、语音与词义的联系脱节

语音代表着一定的概念和意义。如果听者接收到语音，大脑中却反应不出它们所代表的意义，就说明听者在某些词语的音义联系上脱节，影响了他们的听力理解。

（一）听力难点的表现

听力理解并非要求听懂每个词，学习者只要能够听清一个句子或一段话中70%—80% 的词语，并理解其中的意义，就算具有了一定的听力水平。不过，由于学习者的语言能力差异，部分学习者对于汉语常用词语的音与义掌握较差，不是知道词义却想不起词音，就是听到词音却回忆不起词义。因为他们在汉语常用词语的音与义上严重脱节，所以只能听懂一个句子或一段话中的30%—40%，经常不知所云或者牵强附会，听力理解水平处于较低的状态。这部分学生在课堂练习中听力题的出错率较高，在日常生活中也常因听力差而导致交际失败。一个班级如果有几位学生属于这种情况，就会影响听力课的进度，造成听力水平高的学生无法提高而这几位学生却跟不上的情况，教师则处于欲进不能、欲退不得的尴尬境地。

（二）形成难点的心理分析

学习者在学习第二语言的过程中，语音与词义的联系有所脱节是常有的事，只不过脱节的程度有所不同而已。有的学习者对学过的词语掌握得较为牢固，音义脱节的情况比较少；有的学习者记不住学过的词语，音义脱节的情况就比较严重。认知心理学把记忆分为短时记忆和长时记忆。短时记忆所接收的信息容易遗忘，必须通过多次的复现或复述才能让信息储存进长时记忆。有的学者还认为在短时记忆与长时记忆中间还有一个工作记忆，专司知识的输入与输出。它们之间的关系是“长时工作记忆中的信息可以稳定地、较长时间地保留，同时又可通过短时工作记忆中的提取线索，建立一个短暂的提取通路”。①在听力课中，学习者所接收到的语音信息成为一种提取线索，这对全班学生来说是共享的线索。有的学生能把这种线索输入大脑，与长时记忆建立一个短暂的提取通路，把词语的音与储存在长时记忆语义网络中的词语的意义联系和匹配起来；有的学生则很难做到这一点。问题就出在他们的长时记忆中词语的音与义的联系本来就不牢固，因而语音线索无法激活词义。当然，这部分学生在使用母语过程中音义联系非常直接和自然，只有在学习第二语言的过程中才会出现这样的问题。

在第二语言学习中，语音与词义的脱节涉及两个不同的第二信号系统之间的关系。习得母语对于学习者来说是建立第一个第二信号系统，它是在母语环境中学习的，而且每天反复接触和使用，其心理词汇中的音与义（学文字前是音与义二者，学文字后是形、音、义三者）非常稳固地储存于长时记忆。因而短时工作记忆接收到语音，马上就能作为一种提取线索，与长时记忆中的语音相匹配，进而激活与该语音相联系的词义。这个过程已经熟练到了自动化的程度。但是学习一门外语是在第一个第二信号系统之外再建立另一个第二信号系统，不能像习得母语那样每天学习和应用，它一般都带有速成、短期强化的性质。学习者在这个阶段（特别是在初级阶段）所学习的汉语词语，不可能自成系统，它们还没有在大脑中建立或形成完整的汉语词语网络。一个汉语词语的音，它所代表的义，一般都附着在母语的对应词上。因而，当学习者接收到汉语词语的语音时，必

---

① 杨治良等. 记忆心理学（第二版）[M]. 上海：华东师范大学出版社，1999：138.

须把这个语音跟附着在母语词义上的对应概念联系起来才能理解。这种联系相对脆弱，如果所学的汉语词语得不到复现和再认，它们的音与义就很难在长时记忆中同步地、稳固地储存，势必会出现“有了音反应不出词义，或者有了义反应不出该词的音”这种现象。

三、词语跳越影响语义整合

学习者在听话过程中，遇到词语障碍常会跳过去后，把上下文的意思贯通起来理解；但也有学习者跳过难词以后，无法把上下文贯通起来，在语义的整合方面卡了壳。

（一）听力难点的表现

听力练习或听力测试需要跳越一些不好甄别的或者没有学过的词语，那是很正常的事。汉语水平考试（HSK）的听力题，大多要求跳越一些语言障碍来听懂话语的意思。问题是词语虽然可跳过，但上下文的语义仍需贯通，否则就不可能理解整段话的大致意思。这里涉及学习者对语义的整合能力。整合语义能力高的学习者，即使跳过多个词语，也能大致把语义串联起来，理解大概的意思。整合语义能力低的学习者，或者在个别词语上“搁浅”，或者胡乱猜测、牵强附会。

（二）形成难点的心理分析

学习者听懂和理解话语的因素，诸如语音解码、语义解码、语法解码、图式和话语经验等等，都在不同程度上发挥着作用。

1. 语音解码

所谓的语音解码，“是将口语信号切分开，具体来说要切分成单词”。[①] 也就是说，“听者由感知系统接受语音刺激后，先要进行初步的分析，找出语音音位特性，进行编码”，[②]然后在长时记忆中检索到与该语音编码相联系的

---

① Kurt Pawlik，Mark R. Rosenzweig. 国际心理学手册 [M]. 张厚粲，等译 . 上海：华东师范大学出版社，2002：214.

② 彭聃龄. 语言心理学 [M]. 北京：北京师范大学出版社，1991：88-89.

词或短语，这就是切分。话语的外壳是一串语音流，如果没有正确的切分，就只是一堆声音而已。因而对学习者来说，熟练又正确的切分在理解话语方面有着重大的意义。对语音码的切分有误，必然会影响到词义整合。

2. 语义解码

所谓语义解码，是“一串特定的连续话语同时激活了与之匹配的许多单词”，[①]学习者必须从这些候选项中再认有关的词语。例如：Shān li de xīshuǐ qīngjìng jiàndǐ（山里的溪水清净见底），这里，qīngjìng这个词的语音激活的可能是“清净、清静、清境”等一组词的候选项，认知心理学称之为“子群”。很显然，我们要从这样一个语音流中选择、再认一个词，光靠语音解码是不够的，必须从语义角度去推敲、斟酌。如果语义解码有误，自然也就影响到词义整合。

3. 语法解码

有时我们单纯依靠语义解码还不足以选定词语，还需要进行语法解码才能真正确定。上述例子中“清净”的选择，除了从语义角度斟酌外，能否与主语“溪水”搭配也是主要考虑的因素。总之，“听者接收了说话者发出的语音，然后使用已有的知识，包括词汇、句法和语义的知识，对输入的信息做出解释，进而揭示语言的意义。”[②]因此，从语音建构意义的过程，也就是语言理解的过程。

4. 图式和话语经验

在听话过程中，学习者跳越生词后能把意义贯通起来，其大脑里的图式和话语经验也起着很重要的作用。图式包括事件图式（如上饭馆吃饭或到图书馆借书的步骤和细节），场景图式（如教室、剧场的布置和陈设），角色图式（如对象的身份、职业、阶层、年龄等）。这些图式“集合了关于事件的具体构成的知识”，“它们在语言材料的理解和记忆中具有多方面的重要作用。在阅读之前，图式起到预期作用；在理解过程

① Kurt Pawlik，Mark R. Rosenzweig. 国际心理学手册 [M]. 张厚粲，等译 . 上海：华东师范大学出版社，2002：216.

② 彭聃龄. 语言心理学 [M]. 北京：北京师范大学出版社，1991：141.

中……图式对信息的储存提取起到组织的作用。”[①]善于运用图式来增强听力理解的学生常常在听到某些信息内容时激活相关的图式，对将要听到的内容产生预期。这样的话，即使有生词跳过去，他们也能借助图式将上下文的意思连贯起来理解。例如，敏感的学习者听到“对不起，我迟到了。”，会激活、唤起这样一些图式：或是“睡觉晚了，早上起不来”；或是“交通拥挤，堵车严重”；或是“发生意外的情况”。他们加上自己的话语经验，可以猜测和预期当事人接下来可能会说的话。接着当事人申述或解释理由：“我乘坐的出租车在高架路上被后面过来的一辆车给剐蹭了，耽搁了一个多小时，因而来晚了。”由于听话时已有图式预期，尽管对话语中的“剐蹭”“耽搁”等词不一定理解，但还是能边听边整合这段话的意思达到大致的理解。而不善于借助图式的学习者往往要等听完这段话后，才能回过来体会。由于声音转瞬即逝，只能断断续续地整合片言只语，其理解自然大打折扣。

四、语料的深广度超出听力水平

外国学生听不懂一段汉语语料，不仅是语句艰深的问题，还可能是对内容不熟悉，超出了学习者的接受能力。

（一）听力难点的表现

听力教材，特别是有些临时选编的听力语料不够规范和严谨，语言的表达和内容的陈述超出学生的听力水平。学生听不懂这些语料内容，尽管教师一遍、两遍、三遍地重复播放录音，学生仍然懵懵懂懂，反应不过来。久而久之，学生就会觉得乏味、疲倦，对听力课产生厌烦情绪，甚至拒绝使用这样的教材。

（二）形成难点的心理分析

话语中的语音流具有“线性化”的特点，它能否为听者所接受，需要一定的条件。汉语教学大纲（包括HSK大纲）对听力的语料常提出“含生词数量较少”和“没有或含少量新语法点”的要求。只有这样的语料才能

---

① 彭聃龄. 语言心理学 [M]. 北京：北京师范大学出版社，1991：211.

充分发挥语言的“指代性”“叙述性”和“修饰性”的作用，语言的这三性功能是“与他人共享各种各样的信息”的基础，[①]基于此，学习者才能及时地将所接收的信息一一解码，听懂和理解他人的话语。例如，听“旅客们请注意，列车马上到达苏州站，有在苏州下车的旅客，请带好自己的行李，准备下车”这几句话，其中只有很少的生词和新语法点，所以听者可以完全理解这里说的“旅客”指的是“买票乘火车的人”，而且指的是“到苏州下车”的“旅客”，有所修饰和限定；话语中还要求其“带好自己”的“行李”“准备下车”，而不是“立即下去”。话语中的指代、叙述和修饰都很明确，听者在解码过程中不会发生误解。如果超越了“少量生词和新语法点”这个度，或者内容过于专业，那么学习者所接收的就是零散的、非“线性”的语音断链，对话语所“指代”的事物、所“叙述”的论题和所“修饰”的对象都只是似懂非懂。例如，听“观众请注意，演出马上就要开始了，请关闭手机，或者调至静音，以免影响他人观看演出”这几句话，由于其中的“关闭”“调至”“以免”“他人”等词语都是听者所不熟悉的，超越了他们的接受水平，对其中的指代、叙述等含义难以解码，当然就不能理解这些话的意义了。

五、听书面语的能力不足

口语和书面语因语体不同而对学习者的听力效果产生不同的影响。一般来说，口语浅显、通俗，容易听懂；书面语辞藻华丽、文雅，不易听懂。外国学生在生活中有不少听书面语的机会，因此在听力教学中需要注意和重视外国学生听书面语能力不足的问题。

（一）听力难点的表现

外国学生听口语，一般容易听清、听懂，应对比较自如；而听书面语如新闻广播时，他们的反应就会相对迟钝。听力能力强的也要听上几遍，才能听出点儿眉目。听力能力中等的常因听不懂而侧耳皱眉。听力能力中下的则是听赶不上新闻广播的速度，大脑的加工比听觉接收慢上一二拍，

① Kurt Pawlik，Mark R. Rosenzweig. 国际心理学手册 [M]. 张厚粲，等译. 上海：华东师范大学出版社，2002：206.

甚至三四拍。听的虽然是当前的语音，但思维加工却还停留在前面的语句上。时间一长，就会因待加工的语音过多而拒收后续的语音。听力能力低下的外国学生基本上听不懂，脸上一片茫然，也失去了听下去的信心和耐心。凡此种种，都是外国学生听书面语能力不足的表现。

（二）形成难点的心理分析

口语与书面语的不同特点主要反映在以下方面。

1. 语体特点的不同

口语与书面语都要经过话语计划、话语构建和话语执行三个阶段。说话者或作者大脑中的思想、意识作为一种内隐刺激（即话语计划），传递到长时记忆中的语义网络，再从语义网络中选取、调用相关的词语到工作记忆进行组合（即话语构建），然后输出语言（即话语执行）。[①]这个口语表达和书面表达的过程基本上是相同的。只不过是前者通过口腔肌肉的活动发而为语音，后者通过手部肌肉的活动发而为字形。然而口语和书面语毕竟是两种不同的语体，有着各自的特点，具体表现在：

（1）表达的直接与间接。我们在口语会话时，与会话对象在交际环境中，而且会话有互动的要求，需要双方快速反应和组织语句，一般不能字斟句酌，也不会进行长时间的思考，因此口语的用词比较通俗、朴实，语多句短，不太讲究修辞和句子的上下关联；书面写作时只有假想的读者，是一种间接的交流，有较多的时间对表达的内容和词句进行斟酌和推敲，因此书面语辞藻一般比较华丽，语句修饰和雕琢的痕迹较多。而这些华丽的辞藻和雕琢的语句往往超出了听者的接收和解码水平。

（2）用词的通俗与雅致。口语会话一般不计较重复、啰唆、语句残缺，只求达意，因此，口语中常会出现“这个、这个”“呃……呃……”等无用的词语和音节，说话者有时还会插入与话题关系不大的叙述。书面语则讲求信（材料充实）、雅（文字漂亮）、达（行文通畅），因此书面语一般文气贯通，文字畅达，修辞恰到好处，很少拖泥带水。但是人们的听力理解一般都建立在口语语感上，即使是啰唆的口语，人们也能迅速地

① 桂诗春. 实验心理语言学纲要——语言的感知、理解与产生 [M]. 长沙：湖南教育出版社，1991：414-415.

把握其中的主要信息；而对于简练、畅达的书面语却需要一定的时间去理解，解码的速度跟不上语音的接收。所以听书面语的能力要比听口语逊色得多。

（3）结构的松散与严谨。口语会话不必追求语句的起承转合，即使关联失当，也无伤大雅。口语当然也有大致的话语计划，围绕一定的话题展开，但大多是边说边想，谈不上精巧的构思。书面语则要有一定的谋篇布局，讲究承上启下、过渡呼应。因此书面语的结构更紧凑严谨。①

书面语经过反复斟酌和推敲，往往修辞色彩浓厚。读者凭视觉感官去阅读，然后再消化和理解，时间上也比较充裕。而听力却没有视觉感官方面的优势，因为听书面语材料要辨别文雅的词语，揣摩修辞的色彩，还要整合书面语的语句来达到听懂和理解的目的。这些对外国学生来说都特别困难。

2. 语感的生与熟

耳熟能详道出了外国学生容易听懂口语的原因。人们在口语会话中所使用的词语不仅通俗、常用，而且出现频率高，所以它们在人们的大脑记忆中一直处于活跃状态，一听到语音就能很快地匹配和提取出相关的词语。例如对话中的一些套话，回应问话的“行，可不是，真是的”；回应赞扬的“哪里，哪儿的话，不敢当”；回应感谢的“不谢，不客气，没事儿，没关系”；表示赞同的“对，好啊，没错儿”；表示建议的“行，可以，没问题，一言为定”；表示理解的“原来如此，怪不得，可以理解”；等等。这些词语经常在口语中使用，听多了，自然就能不假思索地反应出来了。口语中的叙述性话语，尽管比应对性话语要复杂一些，但也是以常用词语为主，从语音流的感知、音节的划分、词语的匹配、词义的确定到语义的整合都比较顺畅，听起来不觉得费力。曾有一位日本学生学完初级汉语后，经常去咖啡馆用学过的有限的词语跟服务员聊天儿，话题很广泛，交际却没有多大困难。再则，口语会话中的句子以单句居多，复句也只有一两重的关系，不像书面语中的句群，常以多重复句的形式出现。短句和单句的信息容易获取，这就为听觉感知和接收口语会话信息创造了条件。语音的特性是稍纵即逝，如果句子过于复杂，过于冗长，前听

① 徐子亮，吴仁甫. 实用对外汉语教学法 [M]. 北京：北京大学出版社，2005：156-157.

后忘，就会影响正确的切分及词语与相关音节的匹配。匹配和提取发生了问题，或打了折扣，提取的词语就没有了连续性，无法按照语法规则来整合语义，也就很难正确理解其意义了。可见外国学生之所以能较快地听懂口语会话，就是因为在日常的会话语境中听到的全是日常用语和简单句式，久而久之，形成了较强的语感，这种语感可以起到“耳熟能详”的作用。因此，外国学生较难听懂书面语，一是听到的词语不熟悉，难以从语音激活、匹配和提取相关词语；二是听到的句子又复杂，难以对其进行分析，于是就陷入了“耳生则惑”的境地了。

3. 跳越的大与小

听力水平高的人也会在听的过程中有所跳越，却不会影响理解。这是因为在人们的大脑记忆中有许许多多的生活经验，包含各种故事情节，各色人物形象，等等，这些经验性的东西经过大脑的加工，成为各类心理图式。人们凭借这些图式，可以越过跳越的地方，把前后意思衔接和连贯起来进行判断和理解。这是听力理解允许跳越的原因。跳越有两种情况，一种是主动跳越，即舍弃无关紧要的词语，把有限的听觉感知的时间集中在有效的关键词语上，节省时间和精力，获取最有用的信息；一种是被动跳越，即遇到生词和难句，被迫地跳越过去，将前面已经听懂的语句跟后面将要听到的信息连起来进行大致的理解。后一种情况比较常见，会不会跳越、善不善于跳越，这些可以衡量学生听的能力和水平。所以HSK的听力材料中总有少量的新词和少量的新语法点掺于其间，考生需要跳越个别词句，在大致理解的基础上，提取跟试题有关的信息来答题。但是词语和句子的跳越必须有个度，超过了一定的度，跳越过大，信息脱节，即使大脑中储存的图式再丰富，也无法衔接前后意思，导致认知失败。书面语的词汇丰富，句子复杂，即使用视觉去阅读，尚且有一些难词、难句要猜测或跳越，更何况仅用听觉去感受和接收。这也是外国学生难听懂书面语朗读或新闻广播的原因。因此，让外国学生听新闻广播时，材料要进行筛选并控制难度。

第三节 听力能力的培养

从听力的心理基础和听力难点的心理分析中，我们了解到听力理解的提高涉及语音听辨能力、音义结合能力、注意细节能力、跳越与整合能力、预测与联想能力和书面语的听觉语感这六个方面的能力。因此，听力教学必须着重于这六个方面的训练。

一、语音听辨能力

听力主要是要听清和辨别外界的语音流，排除杂音，保留符合汉语语音的声音；然后在汉语语音知识的指导下，将它们切分为音节，再搜检与所切分的音节相匹配的汉语词语；最后整合语义来理解。在这个过程中，语音的听辨能力是基础，是前提，舍此就谈不上什么理解。因而培养与提高学生的语音听辨能力是听力教学的首要任务。

对外汉语教学十分重视汉语拼音阶段的学习，虽然多数情况是采取跟读和模仿，但一般都要求学习者理解和掌握每一个音的发音部位和发音方法，以便把汉语语音系统储存进学习者的大脑。这样，学习者能从发音部位、方法去甄别汉语语音，避免单纯地模仿，影响学习效果。

听力的语音训练着重于声、韵、调的听辨（辨别字音的基础）、音节听辨（关系到语音流的切分）、音节重音听辨（关系到音节向词语的转换）、连读变调听辨（关系到音节转换成词语的正确性）。凡此种种，都是有意识地训练听觉对汉语语音的敏感度。①

除此之外，要让学习者多收听广播、收看电视新闻和电视节目，打破只习惯几个授课教师的发音的局限。

二、音义结合能力

外国学生学习汉语，要把汉语的发音与母语的相关概念联系起来，这本身就会带有某种强制性。而强记（机械识记）的知识不牢固，更何况要记住数千个汉语词语的发音与词义的联系。但这一步是非走不可的，否则

---

① 徐子亮，吴仁甫．实用对外汉语教学法[M]．北京：北京大学出版社，2005：146.

所收听到的语音只是一堆自然音，不知道其中的含义。

音义挂钩的训练可以采取双向方式：一种是由词组而词（如“chī fàn”吃饭切分为“chī吃”和“fàn饭”），由句子而词组（如“dà duō shù rén měi tiān chī sān cān大多数人每天吃三餐”切分为“dàduōshù rén大多数人”“měi tiān每天”“chī sān cān吃三餐“），由句群而句子（“dàduōshù rén měi tiān chī sān cān，tā měi tiān zhǐ chī liǎng cān，ér tā érzi měi tiān yào chī wǔ liù cān.”可切分为“大多数人每天吃三餐，她每天只吃两餐，而她儿子每天要吃五六餐。”），这是从大到小地进行切分训练；另一种是把词逐步向词组、句子、句群扩展，如“huìyì会议”扩展为“jǔxíng huìyì 举行会议”，再扩展为“zài xuéxiào jǔxíng huìyì 在学校举行会议”，再扩展为“huìyì jiāng zài xuéxiào dàtīng lǐ jǔxíng 会议将在学校大厅里举行”……这是从小到大地进行组合训练。这两种训练方式的目的就是要提高语音联系语义的速度和准确度。它不是一个词一个词地硬记，而是在词组中、句子中、句群中，在上下文的语境中复现或复述，因而语音与语义的联系和记忆比较牢固。

许多学习者在音义联系问题上有着自己的经验和方法。他们整理所学的词语，从词性（如动词、形容词等）、同义词（如雄伟、宏伟、伟大等）、反义词（如热、冷，热情、冷淡等）、类义词（如颜色、季节、天气等有关的词）等角度进行归类，力图建立汉语的形、音、义相结合的词语网络。有的学习者反复听课文的录音，收看有中文字幕的电视节目，听不同社会人群的对话等，努力将音与义挂起钩来。教师也在课堂上有意识地让学生做汉语语音与其母语词义相对应的练习，从而加深词语的音义联系。这些措施对于解决词语的音义脱节问题都有一定的效果。

三、注意细节能力

学习者在会话中听对方说话，在上课时听教师讲解，在考试时听录音，不可能把每一个词都听得很真切和清晰，也不可能把听到的每个句子都咀嚼回味，但需要抓住和提取所收听到的重要信息和关键信息。所谓重要信息和关键信息，是指话语中所说的时间、地点、人物的地位与职务、人物之间的关系、情节与事由、原因与结果、企图与意向、要求与指令、主要观点与结论、中心意思、原理与定义、规则与例句等等。听话时能够注意这些细节，听的能力和水平就能相应地得到提高。

学习者通过听力练习题和模拟试题的针对性练习，可以提高注意细节的能力。在会话中听对方说话或上课时听教师讲解，学习者需要自己去判断和揣摩注意哪些细节，而听力练习题和模拟试题则一般都有明确的要求和重点。每一道题的细节都体现在四个选项中。学习者可借助选项内容调整、转移自己听的关注点，集中注意力在关键的信息和细节上，从而正确地判断和选择答案。学习者多做这方面的练习，能够提高注意细节的能力，为听懂报告、广播等有一定难度的内容打下比较扎实的基础。

四、跳越与整合能力

听的过程中总会碰到一些生词或难词，即使是听力好的人也难免会有所跳越。如果学习者在跳越了这些词语后，还能将上下文意思连贯起来理解，那么他们就可以说具有了较强的听力理解能力了。但是这种能力不是每个学习者都具有的，必须有意识地加以培养。

（一）加强切分和整合训练

与词语的音义挂钩训练相似，学习者加强切分和整合训练也可采用双向方式，一方面由词组到词，或由句子到词组，或由句群到句子，从大到小地进行切分训练；另一方面由词逐步向词组、句子、句群、语段扩展。例如，学习者听到“市场经济”，切分出“市场”和“经济”两个词；听到“经济繁荣”，切分出“经济”和“繁荣”两个词；听到“市场经济繁荣”，得以整合三个词的意义。学习者同样地来切分“人民生活安定”中的词，再切分出“这是改革开放的最大成果”句中的词并整合意义。最后听到这段完整的话：“市场经济繁荣，人民生活安定，这是改革开放的最大成果。”听后再复述大意。在训练中先将话语中的词切分提取出来，再整合这些词的意义，从而提高学习者切分和整合的能力。

（二）加强组块记忆的训练

学习者记忆生词，尽可能避免孤零零地背或记，最好能组合为几个词组（即组块）来记忆，以便储存于大脑记忆库。例如“经济”一词，学习者可以通过“市场经济”“计划经济”“经济繁荣”“经济发展”等词组来进行记忆。例如，听这样一段话：“过去我们采用计划经济，经济发展比较缓慢；现在我们采用了市场经济，因而经济发展较快，市场经济繁荣，人民生活安定。”由于其中的许多词组是储存在大脑记忆库中的，所以学习者容易进行切分、整合和理解。

（三）多听多练，增强语感

学习者多听多练，可以增强汉语听说的语感。语感是人们对一种语言的整体感知，对语言形式的直觉判断。语感能左右语言表达时对词语或句式的选择，语感也有助于语言接收时对意义的理解。[①]语感的培养是听力技能训练的高层次目标，它能够有效地提高听辨能力，提升听力理解水平。有了扎实的语感基础，听的时候不用逐一接收、仔细分辨语音信息，就能将语音与语义挂钩，不用听完整个句子，就能领会其意。[②]

此外，教师要培养学习者抓句中的标记词如“的、地、得”“着、了、过”“呢、吗、吧”等的能力，从而提高整合语义的能力。

五、预测与联想能力

有准备的听与无准备的听有很大区别。有准备的听指的是学习者对即将要听的材料，诸如背景、生词、问题与答案选择项等等已经有所知晓，可以对其内容进行预测与联想，这样就比较容易理解所听语料的意思。所以听力教学应让学生在听前有所准备，以便调动和发挥他们的预测与联想能力。

（一）利用情景和背景来听

教师应让学生尽可能地练习有背景铺垫的听，如展示投影、照片、图片等；也可以用语言叙述，或者以音乐、现场录音等声音配合，以唤醒、激活学习者大脑中的图式（事件图式，如上饭馆、图书馆借书、旅游等；场景图式，如教室、机场、车站等；角色图式，如营业员、经理、教师、

---

① 朱纯. 外语教学心理学 [M]. 上海：上海外语教育出版社，1994：88.

② 徐子亮，吴仁甫. 实用对外汉语教学法 [M]. 北京：北京大学出版社，2005：146.

医生等；故事图式，如开端、发展、高潮、结尾等）来进行话语的预期。学习者可以凭借图式预测后面的话语与内容，即使出现新词或难词而跳越，也能进行预测与联想，从而贯通文意。

（二）利用板书来听

教师备课时需分析语料中的内容和语言点，针对学生的具体听力水平梳理和筛选重点，利用板书来说明和解释其中的生词、难词，以及难懂的语法现象。这不仅可帮助学生排除一些语言障碍，也可以给学生提供一些信息，让他们对即将听到的语料进行预测与联想。

（三）讲述背景或有关知识后听

有的听力语料难在缺乏背景知识或专业知识上，因此教师有必要在听前讲述一些有关的文化背景知识，为学生做铺垫。例如语料是《参加中国人的婚礼》，教师在黑板上展示其中的祝福语、生词和语法点，并适当讲述中国的婚礼习俗。这就为学生边听、边预测、边理解创造了条件。

（四）看文本和答案来听

对收听困难的学习者，教师可引导他们看文本和答案，然后再听录音。反复几次，学习者就能弄懂语料的内容了。有了学习的成就感，他们就会有兴趣，不会因为多次反复听而生厌。

实践证明，运用这种视觉与听觉互补的方法行之有效，能够提高学生的听力水平。因为视觉在短时记忆中的保存时间相对较长，而且容易激发长时记忆中的词汇和知识，不像听觉在短时记忆中稍纵即逝，难以获取其中的信息线索。

六、书面语的听觉语感

外国学生的听力理解不能只停留在听口语或口语化了的语料，还应进一步提高到能够听懂书面语这个较高的层次。因为外国学生在生活和学习中会碰到很多听书面语的机会，比如听新闻广播、听朗读材料的录音、听报告等等，所以外国学生进入中级汉语的学习阶段时就要注重这方面的训练，增强他们书面语的听觉语感，培养和提高他们听懂和理解书面语的能力。

（一）多朗读书面语的语料

书面语比口语结构严谨，辞藻华丽，修辞色彩浓重，多长句和复句。外国学生如果多朗读，就能扩大词汇量，并习惯长句的表述，还能借助关联词语把握句子之间的关系和意义。同时，他们还能从比喻、排比、借代等修辞手法中领悟书面语所蕴含的深层意义。外国学生多朗读书面语的语料还可强化语音与语义的联系，提高音义联系的反应速度，增强书面语的听觉语感，从而培养听书面语的能力。

（二）多收看电视新闻节目

书面语单靠听力语料来提高有一定难度。外国学生可以多收看电视新闻节目。电视有画面，听者可以利用画面来预期所播的新闻内容，提高唤醒词语的效率和整合语义的准确率，有利于理解书面语。同时，电视的新闻主播常出现在屏幕上，听者看得见他的口型和表情。从口型上可以推测发音，帮助判断与该语音相关的词语；从表情上则可以大体了解所播内容的风格，有助于理解内容。

（三）多收听新闻广播

收听新闻广播是一种只凭听觉、不依赖其他感官的训练，比视听的难度高。视听可借助形象猜测和预期，单纯地听则完全凭借听觉语感来判断所听语音的意义。不过，熟练的听者可以根据播音员的音色、音强、语气、语调、停顿等因素来理解所听的内容。外国学生只要坚持多朗读书面语的语料，多收看电视新闻节目，打好听书面语的基础，听懂新闻广播是完全可能的。

本章小结

听力是把听觉接收到的语音转换成言语信息，从而进行理解的过程，它必须经过听觉加工、译码加工和思维加工的心理过程。

把语音流切分为音节，把语流切分为词语和句子，这是听力理解的基础。

汉语作为第二语言的听力教学难点包括：听音能力与储存的语音有差距、语音与词义的联系脱节、词语跳越影响语义整合、语料的深广度超出听力水平，以及听书面语的能力不足。这些难点的形成有其一定的心理成因。

对外汉语听力教学应注重语音听辨能力、音义结合能力、注意细节能力、跳越与整合能力、预测与联想能力，以及书面语的听觉语感的培养。

知识运用

1. 具体说说听“筷子除了作为餐具，还能制成工艺品，供人玩赏，或作为礼物送给亲友”这句话时，学习者是如何进行听觉加工、译码加工和思维加工的。
2. 为什么说“听音能力与储存的语音有差距”是听力难点之一？
3. 举例说明预测与联想能力在听力理解中的作用。

案例分析

一、案例展示

小王担任汉语志愿者教师，在意大利某社区学校任教，每周一次课，每次课两小时，学生大多是成年人。为了训练听力，上课时小王会要求学生合上课本，听她朗读课文，但总有学生一边听她朗读一边看着课本，小王的听力训练目标难以实现。如果听文本的录音材料，学生又希望每个字都能听懂，所以教学进度也上不去。意大利负责老师已经多次提醒小王要注意教学进度。

如果你是小王老师，你该怎么办？

二、案例分析指导

（一）案例分析思路

1. 认真阅读案例，找出该案例的核心内容。

2. 针对核心内容，分析形成听力教学难点的心理成因。

3. 思考解决方案。

（二）案例分析提示

1. 本案例的核心内容

1）学生在听教师朗读课文时，离不开文本阅读。

2）学生听文本的录音材料时，希望字字都能听懂。

2. 针对核心内容的分析

1）学生依赖文本，依赖信息的视觉获得。主要原因为语音与词义脱节，音义联系不牢固。

2）信息获取时缺乏跳越能力。除了音义联系不牢固，也缺乏对语义的整合能力。

3. 解决的参考方案

1）加强音义结合的训练。

2）根据听力理解的要素分析，在语音解码、语义解码、语法解码、图式和话语经验方面进行针对性的训练，提高语义整合能力。

第六章　对外汉语口语教学的心理分析

一般人们说话都带有一定的目的性和计划性，或讨论某个问题，或抒发某种感情，或围绕着某个话题展开。即使是天南地北地聊天儿，貌似散漫无序，也仍然是有计划、有目的的，只不过是不同话题的转换而已。因此，从单个话题来看，说话的过程都有其内在的心理活动和心理规律。

口语有演讲式的独白和交流式的会话。独白多半是叙述性的（如阐述问题、介绍情况等），其演讲的内容要适合听众的接受水平。会话除了叙述性因素，还有询问性因素（如向对方发问或咨询等）和应对性因素（如回应对方的问题或要求等），汉语作为第二语言的口语教学要考虑和遵循这些特点和规律。

外国学生学习汉语口语还有一个转换问题。在汉语的初、中级阶段，大部分外国学生是用自己的母语思维的，然后再翻译转换成汉语的语句表达出来，因而在一定程度上影响了汉语口语的流利性和准确性。

因此，掌握汉语作为第二语言的口语教学的心理活动和心理过程对提高学习者的口语能力起着重要的作用。

第一节　口语的心理机制

口语的输出一般要经过话语计划、话语构建和话语执行三个阶段。即使是即兴式的讲话，边想边说，这个“想”也是在进行话语计划和话语构建，这个“说”则是在进行话语执行。

一、语言的输入和输出

语言的输入是听读理解和话语输出的前提和条件，语言的输入和输出关系密切。

（一）语言的输入

听和读是语言的输入，说和写是语言的输出。输出语言的先决条件是语言的输入。外界的言语（文字的或语音的）刺激信息通过视觉、听觉进行感觉登记，再由神经元传导给短时记忆，经过复现和再现，进入长时记忆中储存，这就是语言输入的心理过程。例如，外国学生学习“汽车向前飞驰”，经过反复操练，词语“汽车”“向前”“飞驰”就进入他们的心理词典，句式“主语+介词短语做状语+动词”则进入他们的语法规则系统。

（二）语言的理解

当外界有言语信息刺激感官（视觉或听觉）时，如外国学生看到或听到“汽车继续向前飞驰”的言语信息，先将其传导到长时记忆库，再寻找与这些信息相似或相近的言语（词语和句子）进行匹配。匹配不上的（如“继续”）就作为新知输入，而匹配上的，如“汽车、向前、飞驰”这些词语及“主语+介词短语做状语+动词”这个句式，就被提取到工作记忆中。外国学生再根据自己的经验和语感将其切分成“汽车／继续／向前／飞驰”，从而领会话语的意义。这个心理过程就是语言的理解。

（三）语言的输出

语言的输出分为独白和会话。独白有交流作用而无交际性，会话既有交流作用又有交际性。这就决定了会话需要遵循情景原则和合作原则，否则可能交际失败。独白虽然也要看对象的知识水平和接受能力，但没有会话那么严格。无论是独白还是会话，他们都是说话者把自己头脑中的意念形成命题（即具有主项和谓项的意义单位），从长时记忆的心理词典中选择合适的词语，将它们提取到工作记忆，然后按照语法规则进行组合，再转换成语音流（或文字串），发而为声（或形之于书面）。例如，首先说话者将头脑中“开车向前”的意念形成两个命题：“我开汽车”“汽车向前”，然后选择更合适的词语“驾驶”“飞驰”等到工作记忆中，再按照汉语语法规则组合成一个句子“我驾驶着汽车向前飞驰”。最后转换成语音流：wǒ jiàshǐzhe qìchē xiàng qián fēichí，通过语音输出这句话。这个心理过程就是语言的输出。

二、话语产生的三个阶段

口语表达是一种语言输出的心理过程，它经过话语计划（即意念和思想）、话语结构的构建（即词语的选择、提取，并组合成句子）、话语计划的执行（即通过口腔发出语音）三个阶段。

（一）话语计划

话语计划即说话者根据自己的想法或者会话双方的需求计划话语的内容。一般需要考虑说话类型、说话内容和说话次序。

1. 说话类型

说话分独白和会话两大类型。独白是一个人面对众人说话，较少互动和交流，话语计划比较简单，只需要考虑自己的讲话提纲等；会话则是两人或多人互相交流。话语计划不仅包括自己的说话内容，还要考虑如何互相问答、反应等。

2. 说话内容

独白（包括发言、讲故事、演讲等），如果是叙述性的，就要计划事件内容、事件次序及事件关系，例如讲述一次旅游经历，先讲什么，后讲什么，遇到什么样的人和事情，自己的感想，等等；如果是讲演性的，就要计划话语的观点、论证的材料及结论等，例如讲演净化环境，就得提出自己对净化环境的看法，罗列环境污染的严重状况和数据，论证环境污染的危害性，最后得出净化环境刻不容缓的结论。有了这样的话语计划，叙述和讲演才能有条不紊地进行。

会话既然是两人或多人的说话活动，就有会话双方进行协调的问题。会话双方会根据话题的展开或变换做出各种反应。如一方提问，一方就做出应答；一方提议，一方就做出反应；一方赞扬，一方就表示接受或拒绝；一方要求，一方就表示同意或拒绝；等等。复杂的话题还需插入叙述性话语。概括起来，会话的话语内容可分为承接性话语、功能性话语和叙述性话语。

（1）承接性话语。这是说话者根据对方的话题做出反应的话语，先初步表个态，把对方的话题接过来，然后述说自己的想法。例如，回应问题的“行，可不是，真是的”；表示谦虚的“哪里哪里，不敢当”；表示客气的“不谢，不用谢”；表示赞同的“对呀，是的”；表示附和的“好的，就这么办”；表示理解的“可以理解，原来如此”；等等。

（2）功能性话语。这是说话者传递言语行为期望和意图的话语。同样一句话，不同的期望和意图，表达的方法就不一样。例如，“修车”这个命题，加上不同的功能性话语，就能表达不同的期望和意图：

车修好了。（断言）
车修好了吗？（提问）
你怎么可以不修车呢！（警告）
你要把车修好！（命令）
请帮我修一下车吧！（请求）
对不起，你的车还没修好呢。（道歉）

（3）叙述性话语。叙述性话语是说话者述说事件、见闻、体会等的话语，可以列举、介绍、解释、说明、溯原因、谈效果、下结论等。这是说话的重要部分。

会话实际上是以上三种话语的组合。功能性话语与承接性话语搭配起来可以组成一问一答、一呼一应的相邻对子。简单的对话就是由这两种话语组织起来的。而复杂的话语则必须插入叙述性话语，以表达自己的思想和观点。

3. 说话次序

独白只要考虑自己说话的条理，而会话则还要考虑对方的反应，进而调整说话的次序。说话者根据会话进程，先要考虑如何开始会话，即如何提出话题：有用疑问形式提出话题（例如，你去过北京的长城吗？）；有用叙述形式提出话题（例如，我有幸到北京登上了长城）；有用承接形式提出话题（例如，你说的都很有道理，不过我还有一些别的想法）；有用插入形式提出话题（例如，说到今天场上白蓝两支球队，我突然想到蓝队在上届世界杯赛上的表现）；等等。

之后，说话者要考虑话题的扩展与转换，即对提出的话题加以述说、阐释和补充。话题扩展可以是列举性扩展（例如，罗列各种电脑及其性能来说明电脑的更新换代之快）；介绍性扩展（例如，旅游景点及名胜古迹的介绍）；解释性扩展（例如，解释端午节划龙船、吃粽子的原因）；说明性扩展（例如，说明中医辨证施治的原理）；等等。

最后说话者一般用“今天就谈到这里”等来结束话题。其他结束话题的形式还有：用下结论表示结束（例如，多读多练是学好外语的基本途径）；用追溯原因表示结束（例如，留学生的汉语水平迅速得以提高，得益于多读多练）；用谈效果表示结束（例如，留学生的汉语水平都得到了不同程度的提高）；用转换话题表示结束（例如，刚才大家交流了学习经验，下面我们来谈谈有关求职的问题）；等等。

独白的话语计划可能考虑得比较完整，会话的话语计划只能是局部的，需要根据会话双方的交流做出相应的调整。因此，人们常常是边进行会话，边拟制话语计划。

（二）话语构建

话语计划只是确定了话语的思想和内容，还得通过词语和句子构建话语结构才能表达出来。说话者要从长时记忆的心理词典中选择合适的词语，把它们提取到工作记忆中拟制句子计划和句子成分计划，即按照语法规则对选择的词语进行排列，使之成为有意义的句子形式或词组形式。

1. 句子计划

句子计划包括三个方面的内容，即命题内容、言外内容和主题结构。

（1）命题内容。命题反映说话者想要表达的思想。说话者在表达之前会先有意念或想法。由于人的思维依赖于第二信号系统——语词，所以命题内容在头脑中的反映就是由语词初步架构起来的。例如，“你每天早上都去操场活动”这样一句话在头脑里酝酿的时候，可能是由“你活动”“你去操场”“你每天早上去”这三个命题构思而组合成一个句子的。如果说话者的命题是用母语构思的，那么还有一个从母语句子翻译成外语句子的问题。

（2）言外内容。言外内容反映说话者的言语行为。说话者有了说话的命题后需要对这些命题进行要求、允诺或命令等，这就是言外内容。例如，对上述命题可以加工为要求：“你去操场活动行吗？”，或者加工为允诺：“以后你每天早上可以去操场活动。”，或者加工为命令：“你每天早上都得去操场活动。”，等等。这些言外内容还有赖于对方的言语行为。比如，对方在教室里活动，说话者觉得被打扰，就会用要求的语气：“请他们去操场活动”；对方有所请求，说话者如果同意，就可用允诺的语气应答；等等。

（3）主题结构。说话者有了命题内容和言外内容，还需要考虑主题结构，才能构建话语。主题结构有三个方面要选择。一是框架与嵌入，它们决定话语的结构及其内容。一般来说，句子的第一个主要词组就是其框架，也称主位；嵌入则称为述位，指的是话语结构里的新信息。例如，“我们（决定去北京）”“昨天（我们决定去北京）”，括号以外是主位，括号以内是述位。主位与语法主语有时是一致的，如前一句；有时不一致，如后一句。二是已知信息与新信息，说话者在说话前需要预估哪些信息是已知信息，哪些是未知信息。如果未知的新信息太多，就会影响听话者的接收和理解。例如，“这种话毫无根据，不要扩散出去。”其中的“毫无根据”和“扩散”是新信息，听话人很难听懂。三是主语与谓语。例如，“小王有一架钢琴”，说的是记忆中关于小王的事实；“那架钢琴是小王的”，说的是记忆中关于钢琴的事实。在一般情况下，人们总是把已知信息和框架当作主语，如果不合适，就会把动作的施事者当作主语。例如，“那架钢琴是小王参加钢琴大赛获得的奖品。”其中“那架钢琴”是已知信息和框架，“那架钢琴”做句子的主语。如果句子要突出“小王”，例如“小王喜欢那架他参加钢琴大赛时获得的钢琴”，则要把施事者“小王”当作主语。

说话者确定了命题内容、言语行为、主题结构后就能造出一个合适的句子了。比如，说话者确定的内容如下：

命题内容：弹（小王，钢琴）=句子

言语行为：请告诉我句子是否属实。

主题结构：“小王”是主语和框架，“弹钢琴”是已知信息。

句子：“小王在弹钢琴吗？”或“是小王在弹钢琴吗？”

2. 句子成分计划

句子是由多个句子成分组合而成的。句子成分在句子中大部分表现为词组的形式。说话时会先计划整个句子的大命题，然后才是各句子成分的小命题。例如，已经计划好：（1）某人在什么地方购买什么；（2）“某人”作为主语和框架，“在什么地方”和“购买什么”作为已知信息；（3）就此内容组成一个肯定句。这是句子的大命题。然后再计划各句子成分的小命题：“某人”计划为“我的邻居”，“在什么地方”计划为“在百货公司”，“什么”计划为一架数码相机。然后组成这样的句子：“我的邻居在百货公司购买了一架数码相机”。

在会话中，说话者并非一下子就能把整个句子计划定下来，但也不会说一个词再想另一个词。大多数情况下是有了大命题后，再计划各句子成分的小命题。

（三）话语执行

这个阶段的任务是把语言信息（即计划好的句子或句子成分）转化为肌肉活动，调动相应的发音器官，发出表达该语言信息的声音。有两个步骤：

1. 编制发音程序

计划好的句子和句子成分是个线性组合，在用语音形式把它们表达出来前，先要对它们进行语音上的切分和加工，其次要确定其发音次序和节奏。即哪些音节在前，哪些音节在后，哪些音节可单念，哪些音节要连起来念，哪些地方要有间歇，哪些地方要有较长的停顿，哪些音节要重读和强调，发音的快慢速度怎样，等等。

2. 发音程序的执行

发音程序编制好后，大脑会根据发音程序发出指令，要求发音器官执行。实际上就是把语言信息转化为肌肉活动，调动相应的发音器官，发出表达该语言信息的声音。语言产生机制包括以下三个机制：

（1）呼吸机制。负责提供言语产生的气流；

（2）喉部机制。负责将气流转化为声音；

（3）发音机制。包括口腔和鼻腔，负责声音的形成。

第二节　口语教学难点的心理分析

汉语作为第二语言的口语学习，由于学习者受母语的影响和干扰，在用母语思维转换成汉语词语、句子的心理过程中，存在着一定的困难和问题，主要表现在以下几个方面。

一、找不到表达意念的词语

外国学生开口说话最无奈和懊恼的是：大脑里有想法和意念，却找不到恰当与确切的汉语词语来表述。这时，即使运用表情与体态这两种非言语手段也无济于事。

（一）难点的具体表现

外国学生在回答教师提问或与同学交谈时，常常会出现卡壳的现象。他们或者对他人的说话和问话毫无反应，或者皱眉、挠头、冥思苦想，或者发出毫无意义的音节，如“嗯……”“呃……”，或者蹦出几个母语词汇来代替，或者只说了半句话就说不下去了。凡此种种，都会导致会话中断及交流失败。

（二）难点形成的心理分析

造成会话中断或说话卡壳的原因有三个方面：一是大脑的心理词典中没有可以应用的词语。外国学生的汉语词汇学习是个积累和渐进的过程。学习的初期，他们接触的汉语词语较少，长时记忆中积累的汉语词汇很有限，要把头脑中酝酿的意念用汉语词语表达出来比较困难。因为他们可供使用和选择的词语太少，所以说话难免结结巴巴。二是储存了词语却搜索不出。会话中的话题所涉及的词语往往比较广泛，尽管到了中级班的外国学生有了一定的词语网络，但要他们根据表达的需要，按照词音、词形或词义线索去搜索、提取合适的词语并不容易。有些词语在他们的词语网络里不一定活跃，有些词语虽然储存进了大脑，但因为长时间被搁置，处于相对静止的状态，搜索起来很花时间；有些词语则因搜索的线索不太明确（如词音不清、词形不明、词义模糊），也难以被激活和提取。

因此，外国学生虽然有想法和意念，却一时找不到合适的词语来表述。例如，“城市交通”虽然是大部分学生比较熟悉的话题，但由于找不到如“拥挤”“塞车”“秩序”“指挥”等词语，而“乘客拥挤”“塞车严重”“秩序井然”“指挥繁忙”等意念也因学生的词语网络中缺失这些词语而无法表达。三是由母语词语转化为汉语词语不熟练。外国学生早期说汉语，常常先用母语的词汇来执行话语计划，然后再翻译成汉语的词汇。由于转译不熟练，或者在转译过程中找不到相对应的汉语词语，就会造成说话中断、卡壳或结巴的现象。

二、只有断断续续的词语，组不成句子

零散的词语必须按照一定的语法规则组织起来，才能表情达意。如果学习者不会在句子中应用学过的词语，或者没掌握好语法和句式，那么开口说话就比较困难了。

（一）难点的具体表现

外国学生在会话或回答教师提问时，常常用一两个词或几个词断断续续地表达自己的意思，比如，大脑里有“积压物品需要廉价出售”这样的想法，表达时却只能不连贯地说出几个词语：“东西……很多……便宜……卖出”；或者把词语和句子夹杂在一起，勉强说出自己的想法：“开个晚会……大家……感情……一起”。别人可能也能大致猜出“开个晚会吧，大家聚在一起可以联络感情”。这样，外国学生虽然也能交流，但只能表达简单的意思，而且还需要听话者去猜测和补充，一旦遇到稍微复杂些的思想就无法交流了。

（二）形成难点的心理分析

外国学生汉语口语的普遍问题在于有词语却组合不成句子。句子是口语表达的基本单位，大脑里的命题（即意念和想法），必须组成句子才能准确地传达出来。零散的单个词语只能提供简单的信息，留下的许多空白要听话者自行补充才能理解，这样的交际犹如打哑谜。口语的基本要求就是要把零散的单个词语按照语法规则组合起来，加上语气、语调、停顿等

功能性要素，通过口腔发而为声，让别人听后理解并获取信息。外国学生之所以提取出了词语却组合不成句子，原因有二：

1. 掌握词语的熟悉程度尚不足以来组合句子

中级汉语程度的外国学生在说汉语时，按照大脑里的思想和意念进行话语计划，他们基本上能从心理词汇中搜索并提取出相关的词语，在工作记忆中加工组合成句子。但由于外国学生的词语掌握程度不同，有的词语掌握得好，熟悉这些词语的词性、词义，以及与其他词的搭配；有的词语没完全掌握，不清楚它们的词性、词义，以及搭配关系，不能用这些词语来组成句子，词语从口中说出来却不知该如何说下去。例如"莫"这一单个的词语，外国学生只会把它应用在"莫名其妙""莫不"等词语中，不会应用在"这对我来说是莫大的幸福"这样的句子中。

2. 对汉语的语法规则和某些句式不熟练，未形成自动化

外国学生的汉语口语组不成句子的另一个原因是他们的句式掌握不熟练。学生所接收的语法知识和教师的语法讲解只是陈述性知识，即知识本身。要用这些语法规则来生成句子，则需要把陈述性知识转化为程序性知识。外国学生要经过反复练习才能掌握和应用这些知识。从习得过程来看，外语学习开始时会比较慢，只有等到学习者习得概念和规则，并能在情境中熟练地运用，才算是实现了自动化。

例如，外国学生只熟悉"我比他好"这一种比较句式，对"他不如我好""他不比我好""我没有他那么好""我跟他一样好"等句式只停留在理解却不会用的层面，那么在用比较句来谈论"天气""服装"等话题时，就很难用多种句式来交流。

三、话语中失误、偏误较多

外国学生说汉语或多或少会在遣词造句上出现错误，但是如果失误、偏误较多的话，就不能准确地表达自己的意思了。这是口语教学中应该引起重视的。

（一）难点的具体表现

外国学生用汉语说话有两种表现。一种是外国学生常常使用简单句，回避复杂的语句，复杂意思的语句也会被分拆成若干简单句。例如，“一位身穿花裙子的姑娘从马路对面横穿过来”这样的句子，外国学生会分拆成这样的几个短句：“一位姑娘身穿花裙子”“姑娘在马路对面”“姑娘横穿马路”“姑娘过来了”等，这样表达也能交流，不过显得啰唆拖沓，说者费劲儿，听者也吃力。另一种是尽可能使用学过的词语和句式来说话，但是失误、偏误较多。有的是句子不合语法，如“我从咖啡馆里会面她”；有的是句子合语法却不合情理，如“我请朋友们到大剧场观察歌舞”；有的是句子合语法也合情理却不得体，如“大家祝福老人们在节日里更加美丽活泼”；等等。

（二）形成难点的心理分析

外国学生在第二语言学习过程中出现一些失误或偏误是很正常的事，语言心理学称之为中介语。中介语是一种不断发展变化、逐步接近目的语的语言。尽管它不同于母语的语法规则，也不同于标准的目的语语法规则，但它是一种正在发展变化的语言语法规则，具有一定的交际功能。外国学生之间常用这种中介语进行交流。从这个意义上说，外国学生在表达中出现的第二语言错误是学习者在某个学习阶段必然会出现的语言现象。随着学习的深入，学习者不断学习新知识和新规则，渐渐自觉、主动地摆脱母语的干扰（即改正语际错误），并修正未学好的目的语规则和结构（即改正语内错误），逐步靠近目的语。外国学生，尤其是欧美学生，在学习汉语的初级阶段较多采取语际转移策略，即把母语语法规则迁移到汉语中来。因此，尽管他们所学到的汉语词语和语法规则还不多，但借用母语的某些语法规则还是能进行一些简单的表达。到中高级阶段，他们就开始较多地采取语内转移策略，即“对外语的某些规律错误地推广使用”。①这是发生在目的语内部的负向转移现象。例如，动词“问”可带双宾语，可以说“问你一个问题”，动词“打听”在意义上与“问”接近，外国学生就把双宾语规则泛化到“打听”上，说出“打听你一个问

① 王初明. 应用心理语言学 [M]. 长沙：湖南教育出版社，1990：79.

题”这样的句子。这看起来是个错误，却向靠近目的语跨出了一步。如果外国学生不用这样的“具有过渡性而又自成体系”[①]的中介语，那么新的词语和语法规则就始终只是一种陈述性知识，很难转化为程序性知识，逐步靠近目的语也就难以实现。

四、说话洋腔洋调

洋腔洋调是外国人说汉语时的普遍现象，严重的洋腔洋调会妨碍听话者的接收和理解。因此，口语教学需要重视学习者的语音和语气、语调问题。

（一）难点的具体表现

外国学生说汉语总是带着母语的发音特点，这就是所谓的洋腔洋调。尤其是欧美学生，不管是疑问句、感叹句还是陈述句，句子的开头和末尾大部分都会重读。他们对熟悉的词语会快速连读，而对生疏的词语则不得不放慢语速，因此在话语节奏上无法均衡。声调的把握上更成问题，高平调高不上去，降调降不下来，升调上扬不明显，等等。这些都严重影响话语的表达。

（二）形成难点的心理分析

语音是语言的物质外壳。每种语言都有自己的语音系统，这是语音的社会性质决定的。比如，汉语里送气、不送气能区别词义，英语不能；英语里清音、浊音能区别词义，汉语不能。汉语的l只在音节的开头出现（如la拉），英语的l既可以出现在音节开头（如lamp灯），也可以出现在音节末尾（如tool工具）；英语有辅音连用的结构，汉语里没有。这些语音系统知识在儿童习得母语时就已深深地印在他们的大脑中，成为建立第二信号系统的重要内容。他们在计划话语、构建话语和执行话语时会很自然地把母语的语音系统知识编制成发音程序来发出语音。外国学生学习汉语是在原有的第二信号系统基础上构建另一个第二信号系统，原有的语音系统是熟知的、自动化了的，而新的语音系统是刚学的、不熟练的。所以外国

---

① 王初明. 应用心理语言学 [M]. 长沙：湖南教育出版社，1990：75.

学生在编制发音程序时原有的语音系统必然会干扰新的语音系统，导致洋腔洋调现象的出现。

第三节　口语能力的培养

通过对外国学生口语表达的难点分析，我们认为培养他们的口语能力应致力于以下方面：口语特点的遵循、目的语语言的掌握及母语与目的语的转换。

一、口语特点的遵循

口语特点的遵循首先体现在三种话语的搭配和协调上，三种话语指的是承接性话语、功能性话语和叙述性话语；其次体现在重视和贯彻会话双方（或多方）的合作原则上。

（一）三种话语的搭配和协调

口语不同于阅读和听力，这是由口语的心理机制和心理过程所决定的。口语包含了承接性话语、功能性话语和叙述性话语，我们训练的重点就是这三种话语的搭配和协调。这三种话语都是大脑根据说话的具体环境和条件，从命题到词语、句式的选择组合，再通过口腔发而为声的。所以三种话语的搭配和协调的训练重点主要在以下方面：

1. 同一命题的不同功能

由于说话者的期望和意图不一样，同一个命题要选择不同的功能性话语。例如，根据不同的意愿，我们对这样一个命题“飞机、坐、去”可以说成：

——坐飞机去吧。　　　　（提议）
——可以坐飞机去。　　　（同意）
——必须坐飞机去！　　　（命令）
——能坐飞机去吗？　　　（申请）

2. 同一命题的不同表达

由于说话者所处的环境和条件不一样，同一个命题的表达方式也会有所不同。例如，根据不同的情况，我们对这样一个命题“飞机、北京、坐、去”可以说成：

——坐飞机去北京吧！　　（直接）
——要不要坐飞机去北京？　　（间接）
——坐火车去北京可能赶不上开会！　　（暗示）
——咱们怎么去北京呢？　　（启发）

3. 相邻对子的搭配

对话指的是两个或两个以上的人用语言交谈，常由承接性话语和功能性话语搭配而成，心理学称之为相邻对子。这些相邻对子起着不同的作用，如请求和承诺、表扬和反应、感谢和答谢、断言和认可等。它们不但互相协调，还有着各自的功能，或是为了提取信息，或是为了保持接触，等等。[①]几个相邻对子可以搭配、组合成一段较长的对话，从而完成更复杂的交际任务。例如：

待会儿上车，请帮我提一下这辆婴儿车好吗？　　（请求）
行，没问题。　　（承诺）
您真周到！　　（表扬）
哪里，举手之劳嘛。　　（反应）
太谢谢您啦！　　（感谢）
没什么，不用客气。　　（答谢）

4. 叙述性话语的深入

叙述性话语的内容大多比较复杂。口语训练的重点不仅在于叙述性话语的具体内容，还在于叙述性话语的形式。口语训练的方式除了将整句分拆为几个小句，把几个小句再合并为一个整句，以及各种句式的转换外，

① 桂诗春. 实验心理语言学纲要——语言的感知、理解与产生 [M]. 长沙：湖南教育出版社，1991：423.

还可以训练学习者如何抓住话题（即主语、框架）与展开话题（即谓语、嵌入）。例如，有关“饮茶”的对话，教师可以将“茶的种类、茶的包装、茶的品尝、茶的作用”等作为会话框架，让学习者围绕这些话题列举茶的产地和品种、介绍茶的包装和收藏、述说茶的不同味道及说明饮茶的好处等等。可见，叙述性话语会随着话题的深入而展开，它的话语计划只能是部分的，需要根据会话双方的思路做相应的调整。所以灵活性、多变性和协调性是叙述性话语的训练重点。①

（二）重视和贯彻合作原则

培养口语能力要重视和贯彻合作原则。这里说的合作是指会话要考虑对方的知识水平、信息接收能力和所处的社会语境。如果谈话内容超越对方的知识范围，就难以交流；如果单位时间内传递的信息过多，接收就易打折扣；如果话语不符合对方的社会语境也难以沟通。交谈需要随着双方话题的变化而展开、深化及转移，不能各谈各的。口语课有时会遇到教师组织学生就某一话题讨论却开展不起来的情况，其中就隐含着这样几种原因：或是学生的汉语水平有限，语言能力不够；或是学生对如京剧、中国电影等话题根本不了解；或是文化背景的差异；或是对所讨论的话题无兴趣；等等。这些原因都会妨碍会话中合作原则的实现和贯彻，导致会话的失败。②这是教师进行口语训练应当注意避免的。

二、目的语语言的掌握

学习者要提高汉语口语，必须在汉语发音、词语提取和句子生成三个方面下功夫。

（一）发准汉语语音

外国学生的洋腔洋调妨碍和影响着交流的成功。因而，外国学生一开始学汉语就要重视汉语语音训练。教师要不断指导与提高他们识音和辨音的能力，同时纠正他们的发音和声调，尤其是要让他们注意改变母语的发

---

① 徐子亮. 汉语作为外语的口语教学新议 [J]. 世界汉语教学，2002（4）.

② 同上。

音习惯。教师要多训练外国学生朗读汉语和收听汉语标准音的广播，在实践中培养与提高他们发汉语标准音的能力与技巧。

（二）构建汉语词语网络

外国学生的汉语口语表达需要选择合适的汉语词语。他们选择并提取心理词典里的汉语词语来表达大脑里（很可能是用母语思维的）的意念和命题。外国学生心理词汇的积累是多门课程的共同之力，口语课与其他课程一样有责任帮助和指导学生构建词语的词义网络。例如，教师把有关“集中”一词的同义词（如汇集、汇合、聚集、集合等）、反义词（如分散、分离、离析、离散等）、同类词（如综合、归纳、总结、归拢等）、相关词（如聚会、集会、收集、凝聚、中心等）归纳在一起，再与别的词语群（如“集”词群、“汇”词群、“合”词群、“聚”词群等）连接起来形成词语网络。这样就能帮助学生较快地把有关词语从词语网络中提取出来以便进行会话。比如，谈“老同学聚会”，学生从“聚会”的词义网络中激活词语“集中”再扩散到其他有关词语，如“聚集、会合、分散、凝聚”等，然后组合成“分散多年的老同学”“从各地集中到市中心”“大家在广场会合”“大家的心都凝聚在一起”等等话语。词语的顺利提取为组合句子提供了有利条件，会话就能正常地进行了。

有时教师在展开某个话题之前，还可以提出一些跟话题有关的词语供学生选择，避免学生因匆忙而搜索、提取不出词语。教师较多地使用这种训练方式，可以使所提供的词语在学生的大脑中处于活跃状态，一遇到相同的话题和情景，就能脱口而出。即使遇到不同的话题和情景，也能举一反三。

（三）有效地把陈述性知识转化为程序性知识

构建话语阶段非常重要，它需要学习者把陈述性知识转化为程序性知识，也就是说，基于陈述性知识转化出一系列产生句子的程序，认知心理学称之为产生式。学习者从而能生成有关的句子。汉语作为第二语言教学的课程，如阅读课、听力课、报刊课等所涉及的词语和语法在相当程度上都属于陈述性知识，不能直接产生句子或话语。学习者只有通过课堂训练和课外实践，使这些陈述性知识转化为产生式（即程序性知识），才能生成句子和话语。

如外国学生选定“他家”“布置”“很漂亮”作为主语、动词谓语和形容词词组，就推导出了“他家布置得很漂亮”这样一个带程度补语的句子。因此，人们都可以从有关句型的系列产生式推导，然后产生出合适的语句。不过这样的话，说话会比较慢。而我们平时说话，一口气往往要说好几句话，似乎脱口而出。这其实是大量语言训练和实践的结果，经过反复模仿并应用学到的语言知识，已从定义或概念自动地转化为系列产生式的程序性知识。训练和实践具体化、程序化了课堂教学所接收的语言知识。换言之，大脑中的每一个句式里都包含着许多个熟悉的例句，句式和例句紧密结合。一旦学习者因说话需要激活了某个句式，也就激活了这些例句，只要稍加替换和改造就能生成符合当时语境的句子了。①

三、母语与目的语的转换

口语能力的培养需要注重母语与目的语的转换。目的语口语的产生需要两次转换：（1）说话者的说话意图（即心理语码）→选择母语词语和句式来思维和表达；（2）母语语句→选择与母语语句相对应的目的语词语和句式来表达。因此，要实现两种语言的转换，必须重视训练的内容。口语训练的内容除了考虑到实用性、交际性外，还要重视内容本身对两种语言转换的影响。例如，在学习的初级阶段，“购物”是常见的话题，因为在日常生活中购物的发生率很高。安排这一话题既符合实用性原则，也符合交际性原则，因为到商店购物肯定得交谈。一般购物都会有提问的内容，如“您要什么？”“哪一种好？”“有……吗？”等等，还有数字和钱币的内容。这些内容符合学生初级阶段的两种语言的转换能力。而商品质量、商品如何使用等内容则不宜出现，因为这类内容超越了学习者该阶段的语言转换能力。总之，口语内容的安排应以学生的语言转换能力为前提。在此基础上，学生通过循序渐进的训练可以逐步提高两种语言的转换能力。②

① 徐子亮. 语言实践在口语自动化中的作用 [C] // 竟成. 对外汉语论丛（第二集）. 上海：上海外语教育出版社，2002：133.

② 徐子亮. 汉语作为外语的口语教学新议 [J]. 世界汉语教学，2002（4）

本章小结

语言的输入和输出关系密切，语言输入是生成话语和输出话语的先决条件。

口语产生的过程一般要经历三个阶段：话语计划、话语构建和话语执行。话语计划要考虑说话类型（独白还是会话），说话内容（承接性话语、功能性话语和叙述性话语），说话次序（话题的提出、扩展或转换、结束）；话语构建要考虑句子计划（即命题内容、言外内容和主题结构的安排）和句子成分计划（即词组和句式的选择）；话语执行要考虑发音程序的编制和执行。学习者掌握口语生成的心理机制，能有效地把思想和命题构建成汉语语句并用汉语语音表达出来。

汉语作为第二语言的口语教学，由于受母语的影响和干扰，存在着词不达意、语句有偏误、洋腔洋调等难点，这些难点的出现有其一定的心理成因。教学中必须遵循口语特点，掌握好汉语的发音等，注重母语与汉语的熟练转换，从而培养和提高口语能力。

知识运用

1. 交际会话获得成功，可能是哪些语言或心理因素起的作用？交际会话失败，可能是哪些语言或心理因素造成的？
2. 汉语声调对泰国学生来说并不陌生，因为泰语也有声调。受泰语普通调【33】的影响，泰国学生学习汉语声调时经常产生的问题之一就是阴平太低。请尝试用心理学原理对这一现象进行分析并提出改进建议。
3. 外国学生说汉语较多的是用母语思维，然后转换成汉语语句。试记录一段外国学生的汉语对话，分析其母语的影响和痕迹，并探讨一下如何帮助他们克服两种语言转换的困难。

案例分析

一、案例展示

汉语志愿者教师小李担任孔子学院汉语初级班口语教学。每周一次课，每次课两小时，晚上上课，学生多为成年人，教材使用《汉语交际口语》。[①]该院采用澳大利亚老师与小李搭班轮流上课的形式，每人一周，澳大利亚老师负责讲解生词、课文，小李负责带领学生完成课后的练习。澳大利亚老师上课基本用英语，因此学生对母语英语非常依赖，能开口说汉语的时间很有限。于是，小李上课的时候就尽量创造机会让学生开口说话，然而，效果还是不尽如人意。回答问题或进行对话练习的时候，学生常常思考很久，在大脑中搜索词语和句子，说不出话来，或者说出一些零散的词语，难以连成完整的句子。小李很着急，特别是一些年龄较大，反应较慢的学生，小李简直不敢让他们回答问题。

如果遇到这样的情况，你该怎么办？

二、案例分析指导

（一）案例分析思路

1. 认真阅读案例，找出该案例的核心内容。

2. 针对核心内容，分析形成口语教学难点的心理成因。

3. 思考解决方案。

（二）案例分析提示

1. 本案例的核心内容

1）学生在回答问题或进行会话练习时，大脑中有想法，却找不到合适的词语来表达。

2）学生会话时，断断续续的、零散的词语组合不成完整的句子。

2. 针对核心内容的分析

1）学生心理词典中可以应用和选择的词语十分有限。

2）已积累的词语搜索、提取不出。

3）母语转化为汉语不够熟练。

3. 解决的参考方案

1）构建汉语词语网络。

2）会话时适当提供词语，反复操练，形成自动化。

3）加强母语与目的语的转换练习。

① 陈作宏，张璟. 汉语交际口语 [M]. 北京：高等教育出版社，2008.

第七章　对外汉语阅读教学的心理分析

听和读都是语言信息的接收和理解。听通过听觉将语音信息编码、加工后转换成有意义的信息，读则通过视觉将文字信息编码、加工后转换成有意义的信息。由于接收的信息不同，其认知的心理活动和心理过程也有一定的差异。

阅读理解不是简单的加法，即不是将句子中的词语意义相加就可获取整个句子的意义。人们对所阅读的句子的理解往往超过所有词语意义的总和。这是由于读者个人经验、知识和环境的不同，作者通过文字所传达的想法和意图在读者那里的理解也会有所不同。

外国学生，特别是欧美学生，他们阅读汉语材料的最大难点是识记方块汉字。对熟悉线性拼音文字的西方人来说，认读方块汉字确实有难度。这在相当程度上影响和妨碍了阅读的质量。

教师研究阅读的心理过程和规律，掌握对外汉语阅读教学的特点和难点，可以帮助学习者提高阅读理解水平。

第一节　阅读的心理机制

阅读是一种高级的认知技能，阅读理解的过程涉及语言符号、译码和语言结构三个因素和环节。

一、阅读的概念

阅读是指从文字中提取信息的过程，也就是人们通过视觉接收文字信息后经过编码、加工来理解意义的过程。因此，可以说阅读是一个作者与读者的言语交际过程，是复杂的生理、心理过程，也是一种高级的认知技能。

简而言之，阅读的过程是对语言信息的理解过程。在这个过程中，语言符号、译码和语言结构是主要的因素和环节。[①]

（一）语言符号

语言符号（即文字）在阅读中起着作者与读者进行言语交际的重要作用。作者通过语言符号来表达自己的观点，读者通过视觉对文字符号进行辨认和反应，对其所蕴含的信息进行理解。

文字符号在一定程度上影响着视觉感知。文字可分为表意文字和表音文字两种，人们对这两种文字的感知也有所不同。例如，汉字属于表意文字，形声字的声旁有表音成分，但有的声旁本身也有表意属性。因此，汉字的字形大多可以产生意义的联想，却不易读出字音；而且字形结构复杂，笔画繁复，不易识记。这些都给汉语作为第二语言的阅读教学造成了困难。表音文字的特点是用有限的字母来拼写词语，只要掌握了字母的拼写和发音规则，就能大致读出词音来，有利于阅读理解。正因为拼音文字具有易学和易读的特点，所以习惯于拼音文字的欧美人会觉得汉字的学习特别困难。

（二）译码

译码是一个理解过程，也就是将文字符号意义化的过程。这个过程实际上就是读者将语言符号跟自己的知识、经验联系起来加以思考、判断、证明、修正或猜测的过程。[②]例如，唐代诗人李白的《静夜思》：

床前明月光，疑是地上霜。举头望明月，低头思故乡。

李白给予读者的只是一个个方块汉字，它们不过都是语言符号而已，诗人却通过这些语言符号向读者传递了很多信息。它让读者根据自己的知识和经验来联想和挖掘其中的意义和情感。离开了读者的知识和想象，语言符号所代表的意义就会非常有限，比如，“床”只代表“睡觉用的榻”，“明月”只代表“天上的月亮”，“光”只代表“亮光”，“疑”只代表“觉得有问题”，“地上”只代表“站立的地方”，“霜”只代表

① 朱纯. 外语教学心理学 [M]. 上海：上海外语教育出版社，1994：283.

② 朱纯. 外语教学心理学 [M]. 上海：上海外语教育出版社，1994：284.

"白色的结晶体"，等等。读者之所以能够体会到诗人夜不成寐，望月感叹漂泊在外的心情，完全是读者根据自己的知识和经验对看到的语言符号进行感知、思考、联想、想象和补充的结果。可见读者所具备的相关知识和经验是译码的基础。这种相关的知识和经验越丰富，理解也就越深刻和完善。一个有着在外漂泊经历的人跟一个从未出过远门的人相比，他们读这首诗后的体会是完全不同的。

人们通过阅读能获得更多的知识和经验，而丰富的知识和经验又有利于更有效地阅读，两者相辅相成。阅读水平的提高也会使知识和经验日益丰富。

（三）语言结构

作者应用语言符号并非任意堆砌，而是按照语言结构进行有序组织。读者对语言符号组成的语句的理解，在大多数情况下不是逐字逐词地去理解，而是把它们视为一个整体，根据句法特点，透过字面去挖掘、揭示和理解其中的深层意义。

读者在处理语料信息过程中会同时使用文字、语义和句法三种信息来源。比如，读"新鲜空气对健康是必要的"这个句子，首先是辨认和识记这些文字信息的字形，其次是理解其语义信息，即这些词语的意义，以及由此联想到的知识和经验信息，由上述句子中的词语可以联想到"在野外或花园里锻炼身体，呼吸新鲜空气"。然后就是加工句子的句法信息，即句型所提供的语法意义，例如上述句子中的"是……的"句型等。凭借这些语法线索就能准确地理解这个句子的意义，即新鲜空气肯定是必要的，尤其对人的健康来说。

语言结构对阅读有着重要的意义。一则因为语言结构可为语义联想提供线索，诸如词序、句型、语调等等都能影响对语言信息的理解。①比如，"新鲜空气对健康是必要的"和"健康有必要呼吸新鲜空气"这两个句子，它们的文字、词语和语义信息相差无几，但因为语言结构不同，读者对这两句话的理解也会有所差异。前者侧重于客观事实，后者偏重于主观认知。二则熟练掌握语言结构能帮助读者深入理解语句的深层结构，并

① 朱纯.外语教学心理学 [M].上海：上海外语教育出版社，1994：285.

且边读边预测。[①]比如“黑烟把新鲜空气污染了”这种“把”字句，它能提供对某事物进行处置的线索；“新鲜空气被污染了”这种“被”字句，它能提供某事物遭遇不好情况的线索；等等。这些语言结构都能提供线索，帮助理解句子的意义。

二、阅读过程的模型

阅读过程中存在两类信息，一类为直接从字（或字母）或词的视觉中得到的信息，称为视觉信息；另一类是读者在大脑中已有的知识、经验所提供的信息，称为非视觉信息。非视觉信息包括人们关于语言的知识和怎样进行阅读的知识等。[②]人们在阅读过程中对视觉信息和非视觉信息的应用产生了三种阅读模型。

（一）“自下而上”阅读模型

阅读先从字（或字母）或词中获取信息，逐步转换到高一级的加工（词组、句子加工），以及更高一级的加工（句群加工）。每一级的加工不受上一级加工的影响（即词组加工不受句子加工的影响，句子加工不受句群加工的影响）。这就是认知心理学所说的“自下而上”阅读模型。[③]学习汉语的外国学生在初级阶段缺乏汉语阅读的语言知识和阅读经验，所以他们一般只能采用“自下而上”的模型来阅读较为简单的文字材料，其阅读过程往往是由词语信息相加为词组意义，由词组信息相加为句子意义，由句子信息相加为句群意义。例如，阅读“春节放爆竹的意思是辞别旧年，迎接新年。”，他们会先把“春节”“放”“爆竹”等词语信息相加为词组意义，再把“春节放爆竹”这个词组跟后面的词组“辞别—旧年”“迎接—新年”相加为句子意义。这样自下而上地信息叠加来理解阅读语料的意义。

（二）“自上而下”阅读模型

如果学习者主要利用语言知识和有关经验对阅读材料进行加工，即凭

① 朱纯. 外语教学心理学 [M]. 上海：上海外语教育出版社，1994：285.

② 彭聃龄. 语言心理学 [M]. 北京：北京师范大学出版社，1991：304.

③ 同上。

借非视觉信息，从中选择重要的、关键的语言线索对阅读材料做出预期，并在后续的阅读中证实这种预期和猜测，从而理解材料的意义。那么，这样的阅读过程就不是一个自下而上的加工过程，而是一个选择和预期的过程。这就是认知心理学所说的“自上而下”阅读模型。[①]学习汉语的外国学生到了高级阶段，由于积累了比较丰富的汉语知识和阅读经验，他们的阅读就可以运用这种模型。他们可以快速地阅读一段汉语材料，不是逐词逐句地读，而是选择其中的关键语句做出预期，然后在后续阅读中进行证实。人们所说的浏览和扫读，如看报、翻检词典等，运用的就是这种“自上而下”的阅读模型。

（三）“相互作用”阅读模型

人们在实际阅读过程中运用得较多的是上述两种模型的结合，即“自下而上”和“自上而下”相互作用的模型，认知心理学称之为“相互作用”阅读模型。无论是“自下而上”还是“自上而下”，都只是把加工结果传递给下一个阶段，信息的传递只有一个方向。而相互作用阅读模型，其信息的传递是双向的。也就是说，这种阅读模型汇总了视觉和认知的加工。视觉加工需要文字的视觉信息，认知加工需要非视觉信息。两者相互作用，共同对阅读的语料做出正确的解释。如图7-1[②]所示：

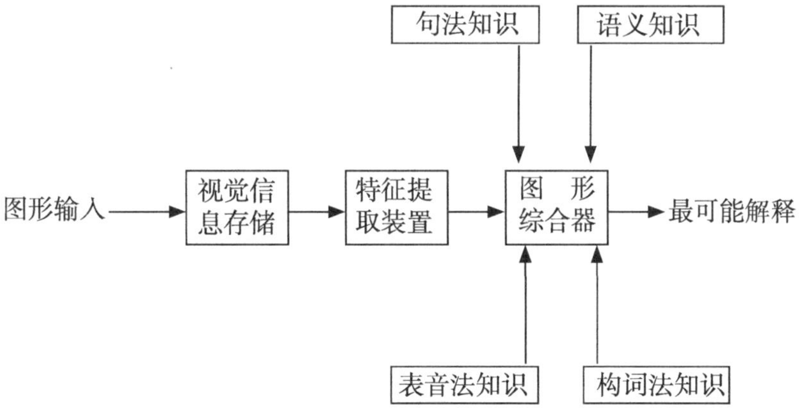

图7-1 “相互作用”阅读模型

---

① 彭聃龄. 语言心理学 [M]. 北京：北京师范大学出版社，1991：306.

② 彭聃龄. 语言心理学 [M]. 北京：北京师范大学出版社，1991：310.

图形综合器有四个储存库：表音法知识、构词法知识、句法知识、语义知识。学习者可以运用这些知识扫描输入的信息进行两方面的加工：一方面对视觉信息（如文字、词、词组、句子等）进行视觉加工，另一方面根据已有的背景知识和语言知识等进行非视觉信息的认知加工。例如，阅读古诗《春晓》："春眠不觉晓，处处闻啼鸟。夜来风雨声，花落知多少？"学习者一方面运用表音法知识、构词法知识、句法知识和语义知识对所接收的视觉信息进行视觉加工，另一方面对非视觉信息进行认知加工：从第一句春眠的"不觉"到第二句闻啼鸟而醒的"觉"，再到第三句梦中听见风雨声后的"不觉中之觉"，最后到第四句不知有多少落花的"觉中之不觉"。在表音—构词—句法—语义"自下而上"的加工同时又从语义—句法—构词—表音进行"自上而下"的加工，两者相互作用，从而获得正确的阅读理解。

第二节　阅读教学难点的心理分析

在阅读过程中，读者需要同时加工视觉信息和非视觉信息，才能对语料有正确的理解。视觉信息的加工是阅读的基础，而非视觉信息的加工则使阅读得以深入。如何正确加工视觉信息与非视觉信息是阅读教学中的难点，这也是阅读教学要解决的问题。

一、识记汉字的畏难情绪

熟悉拼音文字的欧美学生往往视识记方块汉字为畏途，导致他们在阅读方面很难进步。这是阅读教学首先要解决的问题。

（一）难点的表现

欧美学生学习汉语的问题之一是害怕学习方块汉字。他们觉得方块汉字像一幅幅画，笔画复杂多变，看起来无规律可循。有些学生放弃汉字的学习，只求能听懂会说。因此，口语课上这些学生都很有学习积极性，一到阅读课情绪就很低落。这就使这些欧美学生成为汉字盲，只能依靠汉语拼音。他们由于缺少汉字的视觉信息，不仅无法提高阅读能力，也影响了听力、口语水平的提高。

（二）形成难点的心理分析

欧美学生学习汉字的畏难情绪来自汉字特点给他们带来的心理障碍。

1. 拼音文字与方块汉字在感知方面的差异

欧美人习惯于认读拼音文字，他们听到读音，就能在大脑中想到词形（如果需要的话也能写出词形），并联想到意义；他们看到词形，也能在大脑中想到词的读音，同样也可联想到意义；所以只要出现意义，也就能想到其相关的词音和词形。因此欧美小学生的识字教学一般在三年级就可以完成了。而方块汉字完全不同于拼音文字（虽然它的读音可用汉语拼音标注出来，但只是个注音的拐棍，不是具有区别性特征的文字），它不是由字母组合成的，而是由点和线（包括横、竖、折、撇、捺等）构成。且不说辨认和书写字形比较难，就是要读出它的音也不容易，因为从字形上很少能找到发音的线索。即使是形声字，其声旁也是一个方块汉字。欧美学生就算勉强记住了一个汉字的形和音，还要与其意义建立起联系才能说是完成了一个汉字的识记任务。另外，尽管汉字是表意的文字，但要从外形推测它所代表的意义也是相当难的，尤其对刚接触汉字的欧美学生来说。因此，识记一个方块汉字的形、音、义要比识记一个拼音文字复杂得多，欧美学生要改变认读拼音文字的习惯去适应汉字的特点就更难了。

2. 拼音文字与方块汉字在字、词形式上的不统一

拼音文字由有限的字母组成，欧美学生可将词语的读音与词语字母的线性排列结合起来进行有效的识记。方块汉字则由点和线组成，这对欧美学生来说很不习惯。方块汉字的读音是加上去的，方块汉字的点线组合的间架结构也很复杂，外国学生难以驾驭。另外，在汉语中，一个方块汉字可能是一个词，如人、手、牛、羊等；也可能是一个不成词的词素，如天空、饮料、社会主义等。而在英语中，一个单词就是词，如sky, drink, socialism等，这也是外国学生学习汉字的一道屏障：好不容易识记了一个汉字，却还需要再识记别的汉字才能组成一个真正的汉语词语。这就难怪他们把学习汉字视为畏途了。

二、切分频频出错，影响阅读速度和理解

汉字组词时哪些是单音节词，哪些是双音节词，哪些是多音节词，这些都需要阅读者自己分析和确定。如果学习者对词语的切分不正确，就很难理解句子意思，需要进行重新切分，而这样势必会影响阅读的速度和理解。

（一）难点的表现

处于初级汉语阅读阶段的外国学生主要是从字到词再从词到句的自下而上的加工，进行正确的切分非常重要。正确的切分有助于准确理解句意，切分出错则容易出现偏误。然而，外国学生在阅读过程中的切分出错的情况不少。他们有时把该与后面词素相结合的字切到了前面，有时又把该与前面词素结合的字切到了后面。比如，“一幅画卷挂在墙上”被切成了“一幅画 / 卷挂 / 在墙上”，把其中的“画卷”一切为二，“画”与“幅”切在了一起，构成词组“一幅画”，而把“卷”与“挂”切到了后面变成“卷挂”。但是，“卷挂”是个生造词，于是造成了理解的困难。在阅读的开始阶段会出现不少这样的情况，即使到了中级阶段，也时有发生。

（二）形成难点的心理分析

阅读中的切分错误既有心理方面的问题，也有语言方面的问题。

1. 视觉感知上的不适应

母语为拼音文字的外国学生较难适应汉字的特点。因为拼音文字无论是印刷体，还是手写体，书写都有间隔，一目了然；而汉字仅凭视觉信息，无法识别是词还是词素。如“我想去澡堂子洗澡”中的“我”“想”“去”是词，而“澡堂子”和“洗澡”中的汉字都是词素。这比阅读拼音文字材料复杂多了。拼音文字的形、音和义之间的联系紧密，而汉字的形、音和义之间的联系却比较复杂，直接影响阅读的速度和理解。

2. 心理词典储存的词语不足或编码不充分

感知的汉字在心理词典中要找到相应的词语才能进行切分和理解。一种情况是学习者储存在心理词典中的词汇量不足，也就是说，不认识这些词语，于是阅读就处于停滞状态；或者因为切分出错，无法正确理解，如“一幅画卷挂在墙上”，由于把“画卷”与后面的词语切成了“卷挂”，导致阅读卡壳。另一种情况是所储存的词语编码不充分，从心理词典中难以提取有关词语。认知心理学认为阅读中存在着词语的双通道选择，即或者以语音形式转录到心理词典中，或者以词形直达心理词典。[①]这在汉语中尤为明显。外国学生有时想通过诵读从语音形式来回忆词义。但由于学习词语时形、音、义之间的联系不够紧密，所以在词语双通道选择中从语音到心理词典的通道不行，词形直达心理词典的通道也走不通。

3. 语法结构不熟悉

学习者能否正确切分跟他们对语法结构是否熟悉相关。如果他们熟悉语法结构，那么从语法结构入手就能调整错误的切分。大脑对于规律性强的东西比较容易记忆，这对正确切分和阅读理解有着重要的作用。正确的切分都应该是符合语法结构的。例如，“我们甩开手臂，迈开脚步行走在广阔的大道上”，如果切分为“我们甩开手臂，／迈开脚步行／走在广阔的大道上”，就有不符合语法结构的地方，即“迈开脚步行”。如果学习者熟练掌握汉语的语法结构就会自我调整，将句子改为“我们甩开手臂，／迈开脚步／行走在广阔的大道上。”外国学生在汉语阅读的开始阶段对汉语的语法结构还不熟悉，这方面的语感不强，自我监控能力也比较弱，因此当切分出错的时候往往不能自行调整或修正。但到了中高级阶段，他们就会逐步掌握语法结构，汉语的语感得到强化，也能解决不少切分方面的问题了。

三、停留于表层意义

不同经历、不同知识水平的学习者在阅读同一种语料时理解和体会也是不同的。有的学习者只停留在字面意义，有的则能领会阅读的深层含

① 彭聃龄．语言心理学 [M]. 北京：北京师范大学出版社，1991：297.

义。学习汉语的外国学生如果缺乏中国文化知识的话，那么阅读就只能停留在字面意义上了。这是阅读教学要解决的难题。

（一）难点的表现

外国学生阅读汉语的文字材料，尤其在初级阶段，常常停留在表面的词语意义的叠加上，很难理解句子的深层含义。即使到了中级阶段，对所阅读的材料也不能深入挖掘其内涵。这样往往造成知其然，而不知其所以然。例如，读到“千里送鹅毛，礼轻情意重”时不能理解为什么要走“千里”去送“鹅毛”；读到“东西不好拿不出手，请笑纳”时不能理解为什么不好的东西还要当作礼品让对方笑着接受；读到“你这样送东西就见外了”时不能理解“见外”的意思；等等。如果只从字面意义上去理解的话，肯定是无法体会中国人之间的这些客气话的。可见，阅读只停留于字面意义，实际上没有真正理解，很可能是一知半解，还会影响后面的阅读和理解。

（二）形成难点的心理分析

阅读过程中的障碍有来自视觉信息的，如生词和晦涩的文字等；也有来自非视觉信息的，如知识的不足、生活经验的缺乏，以及思维和观念的不同等，这些都会影响阅读的深层理解。而非视觉信息方面是外国学生汉语阅读水平不高的主要原因。

1. 知识的不足

学习者在阅读过程中要依赖自身所储存的知识，并以此为基础去联想和想象，才能获得真正的理解。储存的知识包括文化知识、语言知识和阅读经验等。任何语言材料都包含着一定的知识内容。这些知识内容如果是学习者所熟悉的，那么接受和理解就比较容易，且能通过联想和想象揭示并挖掘语料的深层含义。例如，如果读者对农村的生活比较熟悉，那么当他阅读古诗“锄禾日当午，汗滴禾下土。谁知盘中餐，粒粒皆辛苦”时，就能通过文字的描述想象农民在烈日下辛勤劳作的情景和图式，从而对“一粥一饭当思来之不易”的主题有深刻的领悟。反之，则会停留在字面意义上，浅尝辄止。例如，阅读鲁迅的作品《孔乙己》，如果读者不了解封建科举制度对读书人的迫害，就无法理解孔乙己这个形象，也无法理解作者对封建社会科举制度的批判；又如浏览一篇较长的通讯报道，如果读者没有相关文体特点、篇章结构等的阅读知识，那么就抓不住文章的重点，无法挖掘其深层含义。

2. 生活经验的缺乏

阅读理解跟读者的生活经验密切相关。作者通过文字所表达和反映的内容往往是生活经验的浓缩和提炼，读者看到这些文字，能联想起相关的生活经验，并揭示和挖掘其中所蕴含的思想内涵。例如，如果读者在外游历，那么阅读古诗“慈母手中线，游子身上衣。临行密密缝，意恐迟迟归。谁言寸草心，报得三春晖。”就会联想起母亲在家里时对自己的种种关爱与呵护，回忆母亲为自己整理行装的情景，从而引发对母亲的思念之情。这样的阅读由于结合了自身的生活体验，理解就不会仅仅停留在字面意义上了。但外国学生只具备本国的生活经验，缺乏对中国社会的观察和生活体验，也就缺少中国社会和生活的图式，那么他们在阅读那些反映中国情况的汉语材料时就会在理解上大打折扣。例如，外国学生阅读有关中国高考的报道，由于对中国的高考制度缺乏了解，所以对“家有考生”“送考”等语句就只停留在字面意义的理解上，很难体会到这些语句所传达的“高考对整个家庭的影响”和“父母对儿女的期待”等深层含义。

3. 思维和观念的不同

文字材料所反映的内容跟作者的思维和观念有密切关系。不同国家的人在思维方式和价值观念上有所不同。比如，中国人的思维和表达方式相对来说比较含蓄，而西方人则比较直率。阅读是读者理解作者思想观念的过程，这是一种高级的、复杂的认知心理活动，以思维方式和文化积淀为基础。如果外国学生不熟悉、不了解中国人的思维方式和价值观念，那么阅读汉语材料就会有一定困难，难以理解汉语材料的思想。例如，阅读“老夫喜作黄昏颂”这样的诗句，光从字面上去理解会觉得稀松平常。但如果外国学生了解中国老人一直有“夕阳无限好，只是近黄昏”的思想观念，就能体会出这句诗“反其道而行之”的精神魅力。

四、阅读速度缓慢

外国学生阅读母语材料时可以一目数行，而阅读汉语资料时往往会停留在生词，或者读到句尾又回到句首重读等，出现阅读速度缓慢的状况。

（一）难点的表现

外国学生阅读汉语材料的速度普遍比较缓慢，尤其是习惯于拼音文字的欧美学生。他们阅读自己的母语材料，快速扫读就能抓住句子的主要信息；而阅读汉语材料，尤其是初中级汉语水平的外国学生基本上做不到扫读，只能逐字细读。他们在课堂上或者是嘴里念念有词，读出声来；或者是用手指着一个个方块汉字，边读边移动手指；或者是读到句子的中间还要再回到句子的开头重读；或者随着一个个汉字声调的抑扬顿挫，头部也跟着上下左右地摆动。这些表情动作体现了这些外国学生阅读汉语材料时的不习惯和不熟练。

（二）形成难点的心理分析

阅读速度涉及眼动说、转换说等心理学或认知心理学理论。

1. 扫视与眼停

阅读眼动是指阅读时的眼球运动。每次眼动后是相对的静止，眼睛固定在一个注视点上，这种注视的暂时停顿称眼停。看清字词并不是在眼动时，而是在眼停的瞬间，眼停时能够获得大量的有用信息，能对文字符号有清晰的感知。所以通常说的眼睛扫视，其实是一种形象的说法，真正的文字信息的获得是依靠眼跳中的注视停顿来实现的。①

眼动有三种形式：前移、后退和换行。前移是眼睛向前运动，即读者的眼睛从每一行的开端移向终端，中间有数次的眼动和眼停。后退是眼睛向后运动，即读者在没有看清或没有理解句子意义时眼动退回到原来曾停顿的注视点上，所以又称回视或回跳。换行是指眼睛的视线从上一行末移到下一行的开始。②如果外国学生读一篇汉语语料或课文，眼动基本上是

① 彭聃龄. 语言心理学 [M]. 北京：北京师范大学出版社，1991：286.

② 同上。

前移的，眼停次数和回视较少，并且没有换行，那就说明他们的阅读比较顺利，阅读水平也较高。反之，则说明他们在阅读方面遇到了困难。汉语阅读不太熟练的外国学生，遇到生词会加长注视时间，因为他们需要在大脑中搜索和提取词语；遇到难懂的语句还会回视，因为他们需要重新感知这些语句，有时还会在阅读过程中不停换行。这些都影响着读者的阅读速度，从中也可了解到外国学生阅读速度缓慢的原因。

2. 切分与转换

眼动多，眼停长，回视和换行频繁，这是阅读速度缓慢的外在表现。读者阅读汉语资料，首先要辨认汉字的字形，再转换成语音，然后进行正确切分并提取词义，其间还可能要经过母语与目的语的词义转换，最后才能整合意义达到理解。在这个过程中，只要有哪个环节出问题了，就会体现在眼动、眼停等动作上。具体来说，可能有两种情况，一种情况是切分和转换不熟练，需要时间去反复斟酌和调整，影响了阅读速度；还有一种情况是某些地方切分出错或转换有误导致阅读失败，这就不仅仅是阅读速度缓慢的问题了。

第三节 阅读能力的培养

阅读是读者通过接收和加工文字来理解作者的思想和意图的过程。在这个过程中，文字的视觉接收是阅读的外部条件，良好的汉语语感为读者搭起阅读的桥梁，知识与经验是读者得以深入阅读的内部条件。如果读者具备了以上三方面的条件，就能提高阅读的速度和质量。

一、汉字的辨认和识记

汉字的辨认和识记是阅读汉语材料的基础。外国学生汉语阅读能力的高低在很大程度上取决于其识字量。因此，外国学生解决汉字的辨认和识记问题对提高其阅读能力至关重要。

（一）多途径建立汉字字感

欧美学生学习汉字的主要问题是不习惯认读方块汉字，因而要先让他们能建立起汉字的字感来。中国儿童在进学校前，已经从马路路牌、商店招牌、日用品包装和电视广告等看到了很多方块汉字，尽管不一定都认识，但大脑中已有了这些方块汉字的感性认识，这就为他们入学后识字打下了基础。同理，我们也应该创造尽可能多的机会让欧美学生去熟悉汉字，不能迁就部分欧美学生只学拼音、不学汉字的要求。字感的建立，一是让欧美学生多接触汉字，充分利用路名、招牌、广告、电视中的汉字改变他们只认拼音的习惯。二是结合欧美学生认读汉字的过程，多分析汉字的结构，让他们对汉字中的独体字、合体字有一定的理性认识。我们可以向他们介绍合体字的部件结构，有左右（包括左、中、右）部件组合的，如“行”“衡”等；有上下（包括上、中、下）部件组合的，如“音”“意”等；有大部件包含小部件的，如全包含的部件组合“国”“圆”等，半包含的部件组合“包”“闷”“画”“同”等。久而久之，欧美学生体会到汉字的笔画和间架结构是有规律可循的，就能慢慢克服畏难情绪，树立起学习汉字的信心。

（二）从小到大与从大到小地识记汉字

汉字的认读需要整体的视觉感知，也就是说，它不像拼音文字那样可以从字母拼读的角度来识记，汉字的方块结构要求其作为一个整体来感知。在教学中我们可以通过汉字部件来教外国学生，如把“颖”字拆分为“匕、禾、页”这三个部件，这就是从小到大地识记。这样也有利于区别形近字（如“颖”与“颍”）。有些汉字是词素，需要与别的词素组合才能成为词，如“卫生”“政治”等。外国学生可以先识记这些由词素组成的词，然后再识记其中的汉字。如学习了“社会主义”这个词语后，再逐个识记其中的这四个汉字。这就是从大到小地识记。

（三）先音后形与先形后音地识记汉字

先音后形是中国儿童的识字方式。中国儿童在入学前已能流利地说话，他们一般都已经初步掌握所说的话语的音与义，识字不过是将词音与词形建立起联系，所以识字的进展很快。欧美学生学习汉语常常只对听和说感兴趣，中国儿童的识字方式未必适合他们。他们较多采用先形后音的识字方式。教科书中所提供的生词表中有生词、拼音、外语（以英语或日语为主）注释，其实就是由形而音再到义的识字方式。

（四）积累与猜测汉字

欧美学生具备一定的识记量后就可以领会形声字表音和表意的特点，能凭形旁去猜测汉字的大致意义；也能凭声旁的提示记住其读音了。因而欧美学生开始学习汉字时比较难，到了一定阶段后就能发现识记汉字的一些技巧和方法了。汉字的猜测能力也能帮助他们在阅读过程中跳越文字障碍，更好地完成阅读任务。

二、汉语语感的培养和增强

阅读是知识（包括语言知识和世界知识）和语言应用能力的综合体现。阅读任务的完成有一定的时间限制和速度要求，不能花很长的时间去分析每个词语的词性、语法功能和语义，也不能去剖析每个句子的语法结构。学习者凭什么来完成快速阅读呢？这就得靠逐步建立起来的汉语语感了。因此，我们在汉语教学中必须注重汉语语感的培养和增强。

（一）加大诵读力度

外国学生在教师的指导下进行汉语的朗读，就是反复地听、说汉语的句子和词语，即达到所谓的耳熟能详。这样，词语的语音形式就可以牢固地储存在心理词典中，就是词语的切分也会因语音形式的熟练而熟能生巧。尽管阅读的文字切分不同于语音流切分，前者偏重于形，后者侧重于音，但一个词的形与音联系紧密，它们与词义一起编码后就会储存在心理词典中。因此，当阅读文字材料遇到切分困难时，不妨朗读一下，从词语的语音形式来激发其词形与词义，即进行词语的双通道选择，从而确定句子中的词语。例如，阅读“你知道今明两天天会下雨吗？”这个句子，是切分成“今明两”“天天会下雨”，还是应该切分成“今明两天”“天会下雨”？此时如果外国学生从语音形式的角度朗读一下，就可以凭借汉语语感断定后者的切分正确。所以，阅读教学不仅要训练默读，还要注重朗读训练，通过朗读来增强汉语语感。

（二）有意积累组块

阅读过程中从字到词、再到词组和句子的自下而上的叠加式意义加工是必然要进行的步骤。但读者边切分，边加合其意义，因词语难以切分而回视的情况屡有发生。因此有经验的教师比较注重学生在词组方面的积累。词组在大脑的心理词典中是个组块。每个组块由两个或两个以上经常搭配在一起的词语组合而成，例如，“建设”可以组成“建设国家”“建设城市”“建设家园”“经济建设”“法制建设”“道路建设”“教材建设”等等组块。读者一看到这样的文字，就能在心理词典中想到相关组块。不仅提高了阅读速度，还增加了记忆容量，实际上也增强了词语方面的汉语语感。

（三）熟悉语法结构

词语和词组是按构词法组成的，同时又按句法结构组合成句。了解了构词法知识就为正确切分词语创造了条件，例如，“成”字可按构词法组成“成败”（联合式）、“成才”（动宾式）、“成熟”（动补式）等等词语。学习者也可以通过“的、地、得”“着、了、过”等词来确定词组的语法结构，例如“高兴的孩子”为名词性词组，“高兴地说”为动词性词组，“高兴得很”为动补式词组，“点了菜”“喝着茶”“吃过饭”均为动词性词组，这些词组在阅读中都能起到组块的作用。学习者还可以根据句法结构来确定句子意义的重点，例如，“连……都（也）……”句式的重点在“连”后面的词语上，“甲比乙+形+（数量）”句式的重点在表示比较结果的形容性词语上，“把”字句的重点在被处置的对象上，等等。学习者熟练掌握语法结构可以有效地增强汉语语感。汉语语感的不断增强，则可以使阅读理解达到自动化程度，即稍作思索就能凭借从文字中撷取的信息来理解句子的意思。

三、丰富文化知识和生活经验

外国学生无法进行深度的汉语阅读大多是由于其文化知识欠缺和生活经验不足。他们的阅读往往只停留在字面意义上。因此，阅读教学还应设法丰富学习者的文化知识和生活经验，使他们能深层次地去理解语料的含义。

（一）增设文化课

尽管汉语作为第二语言教学的阅读、会话、听力等课程都会在教学中介绍一些文化知识，但毕竟是有限的。单就汉语水平考试（HSK）的阅读题而言，里面就涉及政治、经济、教育、地理、历史、社会风尚等多方面的内容。外国学生如果缺少关于中国文化知识的学习和积累，势必会影响汉语的深度阅读。因此，在汉语作为第二语言教学中增设文化课，比如中国概况、中华文明浅说、民族与风俗、地方文化（像上海风情、齐鲁文化）等课很有必要。它们对提高学习者的阅读水平起着重要作用。

（二）参与中国人的活动

汉语作为第二语言教学不应囿于课堂教学（即小环境），应该充分利用课堂以外的大环境，让外国学生多参与中国人的活动，诸如旅游、运动、娱乐、联欢、讲演等等。在大环境中外国学生可以在无意学习中学到更多的东西，其丰富性和生动性是课堂环境中的有意学习所无法比拟的。学生不仅可以熟悉中国人的风土人情，还能体验中国人的思维方式。这些都有助于学习者提高阅读能力。

（三）多开展讨论

阅读虽然是属于读者的个体心理活动，但阅读教学可以使个体的阅读活动转化为群体的阅读活动。教师通过组织外国学生的课堂讨论，能弥补个体阅读的不足。外国学生可以在讨论中交流彼此的阅读心得和体会，同时，教师也可在讨论中有意识地加以引导，将视觉信息和非视觉信息联系起来，使他们的阅读更有深度和广度。

本章小结

阅读这种高级的认知活动涉及语言符号、译码和语言结构三个因素和环节。

阅读有自下而上（表现为符号意义的简单加合）、自上而下（表现为有重点地选择词语意义和凭知识和经验预期句子意义）、相互作用（表现为视觉信息和非视觉信息的相互作用）三种模型。初级阅读者常采用自下而上模型，熟练阅读者较多采用自上而下模型，一般读者大多采用相互作用模型。

汉语阅读比较突出的难点集中在汉字的认读和词语的切分上，而知识和经验的缺乏也是阅读理解不易深入的原因。因而，汉语作为第二语言的阅读教学应致力于这些方面的训练和积累。

知识运用

1. 阅读有哪些相关因素和环节？它们有什么联系和作用？
2. 怎样让非汉字文化圈的学生克服学习汉字的畏难心理，从而提高阅读的能力？
3. 切分错误是阅读理解的一大障碍，通过外国学生的阅读实践，分析切分错误并归纳形成错误的原因。

案例分析

一、案例展示

小张是汉语志愿者教师，担任孔子学院暑期华人移民协会两个班的汉语阅读教学。一周四天课，每天三个小时。学生都是华人子女，年龄在5—15岁之间。这些学生都在意大利学校上学，没有系统地学习过汉语，能听懂的有限的汉语日常生活用语也是从父母那儿学来的。但是与非华裔的学生相比，他们学习汉语在起步阶段似乎稍快些。他们使用的教材是中国小学生的语文课本。小张老师经常在课堂上针对小学年龄阶段的学生设计小游戏，如用词语卡片。得到卡片的学生用卡片上的汉语词语套用课上所学的句型造句，正确的话就得分。这样的小游戏能调动学生的积极性，提高学习的兴趣。但是一接触到课文，需要阅读整句或整段的汉字文本时，学生就明显表现出畏难甚至不耐烦的情绪。由于学生比较排斥课文阅读，所以只有单个词的记忆，也未能与所学课文内容建立起联系，这样孤立的词汇记忆反而加重了学生的学习负担。而在中学年龄阶段的班上，主要问题是汉语阅读速度缓慢。阅读课文时，他们常常是一个字一个字地读，有时只读了半句就又回到句首重读。如果读完整段课文的内容就要花费很长的时间。而如此缓慢的阅读速度也使学生逐渐失去了学习汉语的兴趣。

如果你是小张老师，遇到这样的情况，你会怎么办？

二、案例分析指导

（一）案例分析思路

1. 认真阅读案例，找出该案例的核心内容。

2. 针对核心内容，分析形成阅读教学难点的心理成因。

3. 思考解决方案。

（二）案例分析提示

1. 本案例的核心内容

1）学生的单个词记忆和掌握未与课文阅读及课文内容的理解取得联系，孤立的词汇记忆加重了学生的学习负担。

2）学生的汉语阅读速度缓慢，使学生逐步失去学习兴趣。

2. 针对核心内容的分析

1）学生排斥阅读缘于认读和识记汉字困难。而拼音文字与方块汉字的感知差异，以及拼音文字与方块汉字在字、词形式上的不统一都使学生对汉字产生畏难情绪。

2）影响阅读速度的原因有：对汉字视觉感知上的不适应，包括对文字材料的辨认；心理词典储存的词语不足，编码不充分；语法结构不熟悉和切分出错、两种语言词义的转换等因素。

3. 解决的参考方案

1）加强汉字的辨认和识记，如部件辨认、形音结合等，建立字感。

2）培养汉语的语感：加大诵读力度、有意积累组块、熟悉语法结构。

3）加强中华文化知识学习。

第八章　对外汉语写作教学的心理分析

汉语作为第二语言的写作是一个复杂的心理过程，它涉及语言信息的输入和储存、写作表达的酝酿和构思、大脑知识的提取和调用，以及母语与目的语的转换等一系列的心理活动。这些方面在汉语作为第二语言的写作教学中都是学习者的难点，需要采取相应的措施克服，从而提高学习者的书面表达能力。

第一节　写作的心理机制

写作是一种高级思维活动。写作的心理机制主要表现在写作的心理过程及母语与目的语的转换上。

一、写作的心理过程

写作是语言的综合运用，也是一种认知过程。客观事物通过有限传递系统反映到大脑，并由大脑做出反应，动用监控系统、知识系统、策略系统、表达系统对事物进行加工而形成书面文字。可见，一篇作文的产生是大脑中各种认知系统紧密配合的结果。这个过程可以用写作心理流程图（图8-1）来表示。

（一）有限传递系统

写作所反映的是一定的生活内容。写作者通过视觉或听觉去感知社会生活和外界事件，再经过认知加工存入大脑记忆库，然后或将之作为写作素材，或将之提炼为某种图式（包括故事、情节、人物角色等图式）作为今后写作的参考。写作不是简单的造句，它要求积句成篇。而写作者如何谋篇布局则要利用“他山之石”才行。也就是说，写作者要通过有限传递系统去阅读与写作有关的材料，并把它们转化为写作知识。比如写一篇记人的习作，写作者一方面要感知（或回忆）此人此事，另一方面要参考或模仿课文中写人的方法，这些都是通过有限传递系统来完成的。

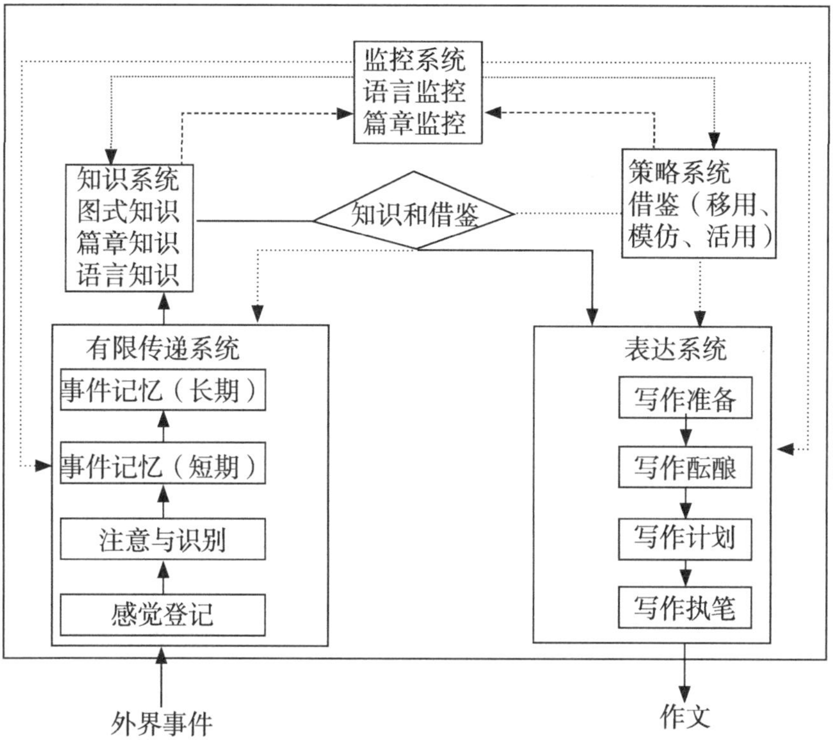

图8-1　写作心理流程图

（二）知识系统

完成一篇习作需要运用许多知识，选词造句需要词语和句法知识，积句成篇需要语法知识，衔接段落需要语篇知识。除了需要语言知识外，写作所反映的社会生活内容还需要世界知识、图式知识和生活经验。这些都依赖于平时的学习和积累。写作者有了丰富的知识，写作时才能自由运用。比如有的外国学生能写记人叙事的文章，有的能写评述说理的文章。他们在写作中能对外界事件进行多方面的比较和联系，思路开阔，这都得益于他们所积累的知识。但有的外国学生的习作翻来覆去就是那么几句话，内容干瘪，这大多是因为知识积累较少的缘故。

（三）策略系统

如何有效地学习和积累跟习作相关的知识，这是策略系统的范畴。写作的有效策略莫过于借鉴。写作往往都是从借鉴和模仿他人的习作开始的。外国学生学习汉语写作，既要借鉴母语的写作知识、经验和范文，又要借鉴目的语的写作知识和范文。借鉴的内容包括好词好句、比喻和排比等修辞手法、如何开头结尾及谋篇布局等等。借鉴的方法包括移用、模仿和活用。移用是把范文的好词好句借用到自己的习作中来，模仿是仿照范文的谋篇布局来写作，活用是借鉴范文的构思来创作自己的习作等。善于借鉴的学习者在学习课文时会比较注意吸取其中的写作技巧，同时他们也会按照习作要求去阅读一些相关的文章，把它们作为自己写作时的参考，进一步提高自己的写作能力。学习汉语的外国学生在积累了一定数量的词语和句式后就能进行简单的写作了，原因在于他们可以借鉴母语的写作知识和范文。到了汉语水平的中高级阶段，他们就会有意识地借鉴汉语课本的写作知识和范文了。这都由于他们运用了策略系统中的借鉴策略。

（四）监控系统

监控系统是监测和控制系统，这一系统属于元认知范畴。它既控制策略系统中的策略运用，又监测知识系统中的知识调配、提取、应用及纠错等。它还控制着有限传递系统的信息输入和接收。它会及时地把输入的信息输送给知识系统，再监测表达系统形之于文字的写作过程。在这个过程中它会监测由母语语句向汉语语句的转换或转译的准确性。因此，监控系统在写作过程中的作用相当重要。

（五）表达系统

表达系统包括写作准备、写作酝酿、写作计划和写作执笔四个阶段。在一般情况下，写作都会按照这四个阶段依次进行，但也有在写作执笔时进行再酝酿和再计划的情况。

写作准备阶段的主要任务是搜集材料。有了写作素材就可以进入写作酝酿的阶段了。写作一般会从三个方面去酝酿：一是题目和立意。所谓立意，就是写作者确立写作所要表达的思想观点；二是文体。根据写作素材来确定记叙文、说明文或论说文的文体；三是构思。构思又称灵感，灵感的获得有必然性，也有偶然性。写作计划主要是根据写作酝酿阶段的立意列写作提纲。写作提纲会体现整篇习作的基本布局，确定段落重点、详略安排及如何展开内容等。学习者通过写作的准备、酝酿和计划，一篇习作已初具雏形，此时就可以进入具体的写作执笔阶段了。

表达系统运用知识系统中的相关知识进行具体的构思和创作。无论是写作的内容、文体还是谋篇布局等都与知识直接相关，但决不能低估策略系统和监控系统的作用。有了策略系统里的借鉴策略，才能保证写作的有效实施；有了监控系统的不断调整，才能保证写作的正确与规范。可以这样说，一篇习作实际上是有限传递系统、知识系统、策略系统、监控系统和表达系统互相协调、紧密配合的结果。

二、母语和目的语的转换

外国学生写作往往先用母语思维和表达，然后再转译成目的语。外国学生直接用目的语来思维和表达需要一个长期的训练和培养过程。学习者在初学用目的语写作的阶段几乎走的全是转译的道路。到了中级阶段，学习者运用目的语词语和句式渐趋熟练，有的甚至趋自动化了，一些比较简单的内容可以直接用目的语来思维和表达，但复杂的思维和表达仍依赖于母语，不能完全舍弃转译这支拐棍。只有到了高级阶段，随着目的语的自动化程度越来越高，学习者才基本上可用目的语来直接思维和表达。因此，汉语作为第二语言的写作教学主要是训练学生正确转译和减少转译。这就涉及两个第二信号系统的建立及彼此之间的转换问题了。

（一）两个第二信号系统的建立

如果外界的一个苹果在大脑里反映出来的也是一个苹果的形象，那么这种通过感觉直接反映的信号就叫第一信号。这些信号累积起来即成为第一信号系统。如果外界的一个苹果在大脑里反映出来的是一个表示该事物的词语，如汉语的“苹果”或英语的“apple”，那么这种通过感觉间接反映的信号就叫第二信号。这些信号累积起来即成为第二信号系统。一般动物都有第一信号系统，而只有人类才有第二信号系统。人类因为有了第二信号系统——语言，所以能突破时空限制进行缜密的思维活动。人类的思维活动既包括形象思维，又包括抽象思维。

人们学习外语实际上是在母语的第二信号系统之外再建立一个与母语不同的第二信号系统。它们的不同主要表现在词语系统和语法系统上，当然也包括与思维相关的文化积淀和价值观念。汉语作为第二语言教学的任务就是要让外国学生建立起汉语的第二信号系统。比如，外国学生在没有把汉语的“苹果”一词与外界的事物建立联系前，“苹果”这两个汉字的字形和píngguǒ的语音仅仅是通过视觉和听觉在他们的大脑中构成了一种表象。这种表象只反映了外界有这样的文字形状和读音而已。直到外国学生了解了这样的文字形状和读音代表的是什么事物和意义时才算成为第二信号。外国学生学习汉语的过程就是把汉语词语、句子的形、音、义与母语的概念联系起来，从而建立一个新的第二信号系统。因而，外国学生在学习汉语时必须借助母语。用母语的词语来翻译汉语的词语，用母语的词语来转译汉语的语音。即使造句，也得先用母语的词语组织成句，然后再译成汉语。外国学生很可能在相当长的一段时期内都是如此。只有当汉语的词语积累到一定的量，外国学生才有可能建立起汉语的心理词典，构建汉语词语的语义网络。

（二）两个第二信号系统的转换

转译的话就会存在母语与目的语的对应或相应问题。学习者虽然还不能直接提取目的语词语，但应掌握已学习的目的语的语法规则，在转译时会努力去提取与母语对应或相应的目的语词语，然后生成符合目的语语法规则的句子，并避免出现错句、病句。

实际上母语与目的语的完全对应只占一部分，大部分是半对应或不对应的，这部分只能说是“相应”。以汉语与英语的转译为例，完全对应的都是有明确所指的词语，例如，“猪”对应于pig，“儿童”对应于child，“青草”对应于grass，等等。半对应的都是描述具体动作或性状的词语，例如，“归拢”半对应于put together，“弱小”半对应于small and weak，“散漫”半对应于careless and sloppy。不对应的则是两种语言所指代的概念有差异的词语，例如，“结婚”可以跟marry相对应，但“嫁（指女方从娘家到婆家）”和“娶（指男方把新娘接到家来）”的概念在英语里没有相应的词语。汉语里的“死”这个词可对应于die，但汉语还有很多其他避讳的说法，如“故去、逝世、作古、去世”等等。正由于这两种语言的词语有很多不对应的情况，所以从英语转译为汉语时就会出问题。例如，“恭喜你结婚了一个女子”“你父亲死了，我也很悲伤”等等。另外，汉语与英语在句式方面不对应的地方也不少。外国学生在转译时常常会带着母语的烙印。例如，把“He has done better than I”转译为“他做的好比我”。这句话的问题是中英文“比”字句的语序不对应。又如，把“She left her bags at the left luggage office at the railway station”转译为“她留下她的行李在火车站的行李留存处”。这句话的问题则是没有用“把”字句。

外国学生建立汉语的第二信号系统的有利条件在于他们有母语学习的经验，不利条件是两个第二信号系统转换可能会产生负迁移，相互干扰。外国学生在学习汉语写作的初期转译能力弱，表达上容易出现错误及偏误。随着学习的深入，他们积累的汉语知识越来越丰富，大脑中汉语的第二信号系统日趋完善，其转译能力也会随之提高。此时学习者的习作也会越来越通顺。

第二节 写作教学难点的心理分析

写作教学的难点有的表现在语词方面，有的表现在篇章方面，有的表现在内容方面，这些难点的形成都有其一定的心理成因。

一、词不达意

外国人学习汉语写作最伤脑筋的是词不达意，或者褒词贬用，或者词汇量不够，因此写出来的习作在表达上常常令人费解。

（一）难点的表现

外国学生的想法和意念用自己的母语表达一般都能得心应手，而用汉语表达就做不到了。不少外国学生心里明白要写什么，但就是找不出合适的词语和句子，或者选用的词语无法让人看懂。例如，有位外国学生想表达“这是件很棘手、需要别人帮忙的事”，写出来的却是“这是件很刺人、很劳驾的事”。他以为“棘手”就是“刺人”，“需要别人帮忙”就是“劳驾别人”，所以将这两个词语放在一起来表达自己的意思，结果反而词不达意，令人费解。对外国学生而言，汉语写作难首先就难在词语的选择和应用上。

（二）形成难点的心理分析

造成外国学生汉语写作词不达意的原因很复杂，它涉及两个第二信号系统之间的转换，以及心理词典的语义线索和词语的迁移等问题。

1. 两个第二信号系统之间的转换不熟练

外国学生的母语属于第一个第二信号系统，学习汉语是要在他们的大脑中建立另一个第二信号系统，这个第二信号系统还处在学习过程中，也就是说，需要有限传递系统的输入储存于知识系统才可以形成汉语的知识网络。汉语的第二信号系统在外国学生初学汉语的阶段尚未完善，这势必会影响他们的汉语表达。外国学生在写作酝酿时一般用的是母语的第二信号系统，执行汉语写作时就有一个母语与汉语的转译和转换过程。如果所用的词语在两个第二信号系统中基本能对应的可以直接对译。例如，“Many countries have their own national airlines”可以直译为“很多国家有自己的国家航空公司”。即使可以直接对译，语言也比较拗口，需要进行修饰。例如，“She spent a long time making her garden neat”直译为“她花了很长时间使她的花园整洁了”，汉语的语言表达过于欧化。我们要将之润色为“她花了很长时间整修她的花园”，这才是地道的汉语表达。如果所用的词语在两个第二信号系统中不是一一对应的，就很容易词不达意了。

2. 词语网络中的语义线索不完备

心理词典中的汉语词语在输入大脑记忆库时有形、音、义多个线索。汉语词语网络的节点是语义，节点之间的连线是词义之间的联系。汉语词语网络的建立有一个过程。在学习汉语的初始阶段节点和连线都不多，随着汉语词汇量的扩大，汉语的词语网络也就逐步建立起来了。但是由于外国学生在学习汉语的初级阶段，进入心理词典的汉语词语的语义线索不完备，容易造成无法准确提取词语。比如，在“好”这个语义线索下的汉语词语网络里有表示质地好的“优良、优秀、优越、良好”，表示身体好的“健康、强壮、健壮、棒、硬朗”，表示味道好的“可口、爽口、甜美”，表示关系好的“友爱、和睦、和谐”，表示心情好的“满意、舒适、惬意”，等等。外国学生首先通过连线激活与“好”的语义相关的词语，但激活的词语很多，他们还需要从其使用的语境等方面来进行选择。如果想说“西瓜好吃”，就从味道方面选择“爽口”，可以说“西瓜很爽口”；如果想说“西瓜品种好”，就从质地方面选择“优良”，可以说“西瓜品种优良”。而说成“西瓜很强壮”“西瓜很满意”就不对了。可见，外国学生从词语网络中提取合适的词语需要语义线索等多个线索来限定，否则就会造成写作中的词不达意。

3. 词语迁移扩大化

知识系统包括两类知识，一类是陈述性知识，它们是世界知识（包括语言知识）和概念；另一类是程序性知识，它们是知识的应用。这两类知识都在监控系统的监测和控制下发挥着各自的作用。词语迁移是运用词语进行写作的一个重要环节。但词语迁移有一定的范围和语境，不能随意乱用，监控系统在其中起着重要作用。例如，“优秀”可用于表示人的素质好，如他很优秀；也可用于表示人的成绩好，如他学习很优秀；还可以用于表示作品好，如这部小说很优秀。不过，如果用在“点心很优秀”或“他身体很优秀”上就犯了词语迁移扩大化的错误，即词语搭配不当。这是由于汉语词语网络关联线索不足导致监控系统监控水平不高而引起的。词语迁移问题也与世界知识有关。具有一定世界知识的人，会知道动词“吃”只能和食物搭配在一起。但在汉语里“吃”还有别的用法，有“经受”或“受”的意思，如“吃了一惊”“吃了大亏”；也有“消灭”的意思，如“吃掉敌人一个团”“拿车吃他的炮”等。这些就是汉语词语网络的语义关联线索，外国学生需加以注意和学习，因为“我们对语言材料的记忆是沿着关联信息的线索组织起来的”。[①]如果缺少或不遵循这种关联线索，就会造出“我吃了他的笑”“房子的火已经吃完了”等有问题的句子了。

---

① ［美］罗伯特 • L. 索尔索. 认知心理学 [M]. 黄希庭，等译 . 北京：教育科学出版社，1990：102.

二、语句不连贯

语句不连贯是外国学生学习汉语写作的通病，有的语句似断似续，有的语句跳来跳去，有的语句缺少关联。这些问题也给阅读造成困难。

（一）难点的表现

外国学生的汉语写作，除了词语搭配和句子成分残缺等问题外，所造的大部分单个句子是基本正确的。问题常出在句子与句子之间的衔接上，影响意思的准确表达。例如，外国学生写出这样的句子："提高口语，学校安排分配外国学生语言实践去杭州。留学生太多，有困难，分两批。我第一批。我观赏西湖景色。我交谈了两个中国男女青年。收获很大。"句子的意思大致可懂。作为口语，教师可以不必去细究。但作为正式的习作就出现了不少不连贯的断断续续的句子。这是外国学生汉语写作中普遍存在的问题。

（二）形成难点的心理分析

外国学生习作中的语句不连贯现象，造成的原因有思维层面上的不足，也有监控水平的局限。

1. 思维层面上的不足

外国学生造汉语句子基本上停留在单句层面上。比如，造"比"字句、"把"字句、"被"字句、"有"字句、"是"字句、双宾语句、连动句、兼语句等等，他们造的句子一般都属于单句范围。而句子与句子之间的衔接则是到了句群层面，涉及诸如因果、假设、递进、并列、转折、条件等种种关系，要用关联词语来揭示其意义关系。句群之间的衔接就到了语篇层面。外国学生习作中的语句不连贯现象主要是在句群层面，由思维层面上的不足导致。外国学生在写作的酝酿和计划阶段基本上是用母语进行思维的，到了写作的执行阶段再进行汉语的转译。转译时除了选择、提取合适的词语组成句子外，还要斟酌句子之间的关系，将不同句子里的若干命题连接起来，从而表达完整的思想和观点。这就需要梳理若干命题之间的关系。认知心理学认为命题连接的两个事件具有"相继关系""并列关系”和“时间关系”等等。如果外国学生对汉语中表示命题关系的关联词语掌握不熟练的话，那么在写作中句子之间的逻辑关系就会表述不清，甚至给人思维混乱的感觉。这里有几种情况：一种是知道两个句子之间的逻辑关系，但不会选择关联词语，因而回避使用。例如：

> 请你注意天气预报，（如果）明天下雨的话，（那就）取消旅行的计划，（宁可）推迟几天，也要等个晴朗的日子，那才有意思。

如果外国学生回避使用括号里的关联词语，那么句子就会缺乏连贯性。另一种是仅仅用一种因果关系来表示句子之间的逻辑关系。例如：

> 因为今天下雨，我不能骑自行车上班。因为住的地方离地铁站比较远，我就叫了一辆出租车。因为路上车子拥挤，出租车开得很慢。因为担心上班迟到，就在地铁站下车，改乘地铁。因为从地铁出口到公司还有一段路，我又乘了出租车。因为我及时换乘车子，在上班的前一分钟，赶到了公司。

这样的段落不仅表述牵强，而且也不通顺。

2. 监控水平的局限

外国学生能生成正确的句子，取决于他们大脑中汉语语言知识的监控能力。在学习者应用语言进行写作时，他们会在一定程度上激活诸如心理词汇、句法规则、写作方法与技巧等知识。汉语语言知识积累越多，语音、文字、词汇、句式知识越扎实，他们的监控水平也就越高，有能力辨别句子是否正确并自行修正。但是外国学生在汉语写作的初级阶段，由于汉语知识有限，特别是在关联词语的使用方面的监控水平不高，就会有句子不连贯的情况发生。

三、结构不完整

外国学生的汉语习作常常出现有头无尾、刚开头就收尾，或者所有的语句都挤在一段等情况，也就是习作的结构不完整，没有写完。

（一）难点的表现

外国学生用汉语写作，特别在初级阶段，常常出现结构不完整的现象。有的习作写了一些话后突然就结束了。有的习作写一件事情但交代不清时间、地点、人物关系及因果关系，事情发展的脉络杂乱无章。有的习作通篇不分段落，完全没有条理和层次。还有的习作一个段落只有两三句话，不一而足。

（二）形成难点的心理分析

造成外国学生汉语习作结构不完整的主要原因是注意资源分配不均和篇章监控能力不强。

1. 注意资源分配不均

写作是一种综合性的训练和表达，用词、造句、分段、成章等都要顾及。不像造单个句子，只要有了意念和思想，就可以用一个句子展示出来。写作所表达的意念和思想可以说是个连续统。比如，外国学生有了“不洁的食物不能吃”的意念后就要考虑“吃了不洁的食物会有什么不良后果”，而这个意念又为后面的“可能中毒，可能腹泻”做了铺垫。就这样一环扣一环地形成新的后续的意念。有了这些意念，外国学生就可激活心理词典中的相关词语，例如与“不洁”有关的“卫生、清洁、干净、肮脏、污染”等词语。有了这些词语后，外国学生就可根据意念进行选择，并按照语法规则造句。如果这是一篇《注意饮食卫生》的命题作文，那么外国学生还要对整篇文章的结构进行构思。也就是说，写作既是由词而句、由句而句群、由句群而段落、由段落而语篇的自下而上、自小到大的加工过程，又是由语篇控制段落、由段落控制句群、由句群控制句子、由句子控制词语的自上而下、由大到小的监控过程。外国学生在汉语写作的初级阶段还处于机械地将母语转译成汉语的阶段，其注意力全集中在遣词造句方面，无暇顾及其他的加工环节。因此，由于注意资源分配不均，外国学生考虑不到篇章结构等方面，就会出现段落破碎、有头无尾或前后不呼应等问题。

2. 篇章监控能力不强

外国学生的汉语知识系统决定着“监控什么”，学习策略系统决定着“怎样学会监控”。因此，外国学生的汉语习作，除了要具备汉语语音、词汇和句法等知识系统，还需要有篇章的写作知识。也就是说，这些知识系统决定了汉语写作要受到遣词造句、段落衔接及谋篇布局的监控。要提高外国学生的汉语写作监控能力，如何应用学习策略系统至关重要。其核心策略就是借鉴。首先要借鉴母语写作的知识和经验，这是外国学生最熟悉的知识内容，最容易转化为汉语习作的监控能力；其次是大量阅读汉语语料，汲取其中的写作养分，如如何确立中心、谋篇布局、前后呼应及衔接过渡等等。学习（体会写作的构思与技巧）、模仿（依葫芦画瓢地学习写作）、创造性应用（融会贯通地进行习作）等借鉴策略的掌握也可帮助外国学生提高习作的监控能力。但是外国学生汉语写作的初级阶段尚处于模仿阶段，他们的篇章监控能力不强，习作中出现结构不完整的情况也在所难免。

四、内容空泛，剪裁不当

外国学生汉语习作较高层次的问题体现为内容单薄，展开不够或者内容芜杂，缺乏剪裁。这也要引起学习者的注意和重视。

（一）难点的表现

外国学生初中级阶段的习作以流水账居多。一篇记叙体的作文常常把从早到晚的琐事一一罗列，没有详略之分，重要的事情不突出；或者通篇都是概括性的话却没有实际内容。如果是议论文则说理时三言两语带过，还没说清楚就结束，或者说理时旁生枝节，条理不清。

（二）形成难点的心理分析

造成外国学生习作内容空泛、剪裁不当的原因有学习者的个体背景差异、心理因素及借鉴策略运用不够等等。

1. 个体背景有差异，对所写题材不熟悉

写作课的命题作文有两类：一类是规定命题，由教师出题目；一类是自由命题，由学生自己拟题目。汉语作为第二语言的习作大多是教师规定一个写作范围（如记一次旅行），学生再据此自拟题目。学生可能对教师规定的写作范围不熟悉，或者自己没有经历过，或者虽然经历过却没有深刻的体验。所以，如果学生的大脑里对这类题材缺乏切实的生活体验，那么即使写作能力再强，也写不出生动具体的作文来。认知心理学中的图式理论从认知角度揭示了写作中这种内容空洞现象的心理成因。人们是从实际生活中提炼出图式来的，包括事件图式、情节图式、故事图式、人物图式、角色图式、场景图式等。大脑中缺乏有关的生活图式，势必会影响人们的思维和表达。外国学生由于个体生活的差异，他们大脑中的图式各不相同，特别是缺少有关中国生活的图式。因此，体现在他们的习作中就是内容空洞、立意平淡、叙述不详、挖掘不深。

2. 对写作有畏惧心理，过多采用回避策略

外国学生对选词造句等练习比较熟悉和有把握，而写作需要组句成篇，并集中表达某种思想观念。他们对此有畏惧心理，害怕有错句，也害怕逻辑不清，于是就采取避重就轻的办法来应付。他们对自己熟悉的、有把握的内容就多写一点儿，对自己不熟悉的、难以驾驭的内容就一笔带过。正是出于这种写作心理，外国学生多采用回避策略。这就使他们的习作出现了内容空泛、剪裁不当的情况。

3. 借鉴策略运用不够

借鉴是写作中最为有效的策略。外国学生通过大量的阅读可以借鉴范文的文体知识、章法及多种表达手段。初学汉语习作的外国学生都是从模仿范文起步的，即使是中高年级的学生也需要从范文中借鉴和吸取有用的东西。但是相当多的外国学生的汉语习作写作技巧贫乏。他们的叙述都是平铺直叙，不善于在叙述中有抒情和描写，更不会夹叙夹议，所以他们的习作往往比较单一、呆板。这说明他们阅读范文的数量还不够，或者不善于从范文中借鉴写作知识和技巧。借鉴策略运用不够，不能充分调取知识系统内的相关知识来进行具体的构思和写作，也是导致习作内容空洞、剪裁不当的原因之一。

第三节　写作能力的培养

外国学生的汉语写作有篇章结构的问题，也有思维表达的问题，而后者是首先要加以重视和解决的问题。

写作是书面表达，写作教学是训练学习者掌握第二语言书面表达技能的有效途径。除了多写多练以外，教师还应采取多种措施帮助学习者建立语义网络、积累组块、熟练掌握产生式，从而克服中介语现象，为直接用汉语思维和表达创造条件。

一、建立语义网络

心理学研究成果表明，学习者“心理词典”中的词语不是散乱储存在记忆库中的，它有几种编码线索，即语音编码线索、词形编码线索和语义编码线索。语义代表一定的概念。“人们头脑中的概念是互相联系的”，[①]因而头脑中反映概念的词语也按语义（概念）联系在一起，成为一个语义网络。当人们需要应用某个概念而搜索词语时，就能激活语义网络中的有关词语，从中选择和提取。

在学习汉语的初始阶段，学习者积累的汉语词语不多，还建立不起语义网络。他们所学的汉语词语大多依赖学习者的母语，其头脑里的概念需要先去激活母语的词语，然后由母语词语转译成汉语词语。学习者到了学习汉语的中高级阶段时逐步积累了相当数量的词语，这个时候才有条件建立汉语词语的语义网络。虽然这个语义网络跟学习者的母语仍然有着千丝万缕的联系，但毕竟可以独立成系统了。在学习者的主观因素的作用下，这个汉语语义网络的建立还会因人而异。如果学习者比较注意按词义归类整理汉语词语，那么他就会较快建立汉语词语的语义网络。例如日本丸红公司的一位日本学员整理了几大本汉语词语，每天花几个小时对学习的汉语词语进行归纳。零起点学习汉语一年后，他一次的口头作文就可以讲30分钟，词汇量丰富，这说明他已建立起头脑中的汉语语义网络。

---

① 刘爱伦. 思维心理学 [M]. 上海：上海教育出版社，2002：70.

学生头脑中建立起汉语语义网络，就不必再走母语—目的语这条弯路了，可直接凭借汉语语义网络提取汉语词语，并激活该词语的词形，得心应手地书写了。[①]

二、积累组块

学习者建立起汉语语义网络是用汉语思维和表达的基础。被提取出来的汉语词语要按一定的语义规则和语法规则组合起来才能表达一个意思，或“产生新颖的、有效的主意或结论”。[②]对于汉语不太熟练的学习者来说，既要符合语义规则，又要遵循语法规则，汉语词语组合的速度及有效性就成为难点。有经验的汉语学习者会在从汉语语义网络提取词语的过程中，将词组一起储存进大脑，使组词造句事半功倍。

心理学把几个词语搭配起来的较为固定的词组称为组块。组块“是一种信息的组织或再编码。人利用贮存于长时记忆的知识对进入短时记忆的信息加以组织，使之构成人熟悉的有意义的较大的单位”。[③]口语能讲得流利，是因为“讲述者必须将信息打包组成一些组块或自然段落，以使听者能够理解”，[④]写作也是如此。组块能作为一个单元在写作中实际运用，传递出较多的信息，表达完整而复杂的意义。例如，“经济的繁荣、贸易的发展、建设的加速推动着新兴城市的崛起，而稠密的人口、拥挤的交通、污染的环境却又困扰着这些城市的进一步发展。”这个句子起码有六个常用的组块：经济的繁荣、贸易的发展、建设的加速、稠密的人口、拥挤的交通、污染的环境。如果学习者有这么多组块可以应用的话，写出一句包含较多命题和概念的复杂话语也就不是难事了。

写作教师应与其他课程的教师一起，引导学生在阅读中注意记忆和积累组块，并在写作实践中反复提取和应用。“人的知识获得离不开经验产生的情境，并且受到情境中各种特征的影响。因为知识获取和应用的最

---

① 徐子亮. 写作教学中培养外国学生用汉语思维和表达的方法谈 [C] // 潘文国 . 对外汉语教研论丛（第三辑）. 上海：华东师范大学出版社，2005：207.

② 刘爱伦. 思维心理学 [M]. 上海：上海教育出版社，2002：68.

③ 王甦，汪安圣. 认知心理学 [M]. 北京：北京大学出版社，1992：139.

④ Kurt Pawlik，Mark R. Rosenzweig. 国际心理学手册 [M]. 张厚粲，等译. 上海：华东师范大学出版社，2002：223.

重要情境是人们重复参与的练习和应用，所以严重受到这些练习特点的影响。”[①]因此组块知识最好与出现这些组块的情境一起记忆，它们可以提供学习者搜索、提取有关组块的线索；而更为重要的是练习和应用，因为它们能加快提取的速度，提高其应用的准确性。[②]

三、熟练掌握产生式

学习者用汉语遣词造句，仅仅学习一些汉语语法知识是远远不够的，因为这仅仅是一种陈述性知识，还得“通过成千上万小时的练习之后，知识才能达到程序化和自动化”。[③]而汉语知识的程序化和自动化正是学习者直接应用汉语思维和表达的必要条件。

“程序知识则是按规则来表征。通过规则，把程序知识与对真实世界的反映联系在一起。”[④]这种规则是用“假如—那么”来运行的，即“假如是这样的情况（或条件），那么就执行那样的行为。”[⑤]认知心理学称之为产生式规则，它“被认为存储在长时记忆中”。[⑥]学习者在学习汉语过程中，每一条语法都可分解为若干“假如—那么”规则。例如，汉语比较句的产生式规则是：

（1）假如甲是被比较的人或事物，
　　那么甲做句中的主语。
（2）假如“比”是比较句的介词，
　　那么“比”字放在主语之后。
（3）假如乙是比较的人或事物，
　　那么乙做介词“比”的宾语。
（4）假如某个形容词表示比较的结果，

---

① Kurt Pawlik，Mark R. Rosenzweig. 国际心理学手册 [M]. 张厚粲，等译 . 上海：华东师范大学出版社，2002：257.

② 徐子亮. 写作教学中培养外国学生用汉语思维和表达的方法谈 [C]// 潘文国 . 对外汉语教研论丛（第三辑）. 上海：华东师范大学出版社，2005：209.

③ 刘爱伦. 思维心理学 [M]. 上海：上海教育出版社，2002：84.

④ 同上。

⑤ 同上。

⑥ 同上。

那么该形容词做句子的谓语。

（5）假如某个数量词表示比较结果的具体差别，

那么该数量词做句子的补语。

学习者循着这些系列性的产生式规则一步步进行推导，就可造出“哥哥比弟弟高五厘米”等句子。“人们不知不觉地运用着成千上万的产生式规则”，只是“通过练习，规则及其应用已达到心照不宣，就不再为人们所意识到了。”[①]写作教学就是要通过写作练习让学习者熟练地按汉语句子的产生式规则造很多正确的汉语句子，并能达到自动化的程度。

当然，教师的教学不是把汉语语法分解为无数的产生式规则，而是让学生记住体现具体语法规则的范句，使学生造句时按范句的格式进行替换。

四、克服中介语现象

中介语既非学习者的母语，也不是目的语，而是学习者在学习目的语过程中的一种处在发展变化中的语言系统。尽管因学习者的个体差异会有不同的中介语表现，但第二语言学习者在学习目的语时发生和发展的中介语现象还是有规律可循的。不同母语的学习者在学习同一种目的语时可以凭借中介语进行交流。中介语是一种过渡性的语言，随着目的语水平的逐步提高，学习者所使用的中介语会逐渐地、自动地向标准目的语接近。中介语现象能否消失要看学习者的主观努力程度。然而，或许因为文化的隔阂，即使是熟练使用目的语的第二语言学习者，其中介语现象也不会完全消失。

中介语现象的产生不外乎两个原因，一个原因是受母语知识的干扰。以词语为例，汉语词语的词性比较难以确定，学习者常会把概念上基本对应的两种语言的词语等同起来。如母语为英语的学习者常说“我见面他”，就是把“见面”等同于了英语的meet。语法上也有这种情况，如初学汉语的日本学生会说“我每天上午学校去”，就是把日语的语法用在了汉语的句子上了。另一个原因是把学到的目的语语言形式和规则“过

① 刘爱伦.思维心理学[M].上海：上海教育出版社，2002：86.

度概括化”，[1]即把只适用于甲情境的语言形式和规则使用到了乙情境中去，从而引起偏误。例如“不敢当”一般只用在回应别人感谢或赞扬自己的情境中，有的日本学生却说“不敢当你批评我”“不敢当我没有你做朋友”。对这种偏误，教师应在鼓励学生大胆应用“不敢当”的同时予以纠正。

写作教学纠正学习者时首先要区别失误和偏误。失误是学习者自己可以纠正的，只是因为写作时疏忽或匆忙才发生的笔误或错误；偏误则是学习者自以为正确的、屡纠屡犯的错误。写作教学的重点应是后者。对于带有个性特点的偏误，教师可在作业本上指出其问题所在；对于带有共性特点的偏误，则可在课堂上集体纠正。总之，教师要适时纠正学习者的偏误，帮助他们建立正确的汉语语感。

中介语是学习者用来思维和表达的过渡性语言，与依赖母语思维和表达相比是一种进步。它虽然不够准确，却依然能够进行交流。当学习者大胆使用所学的目的语新词语和新语法时，教师可以多加鼓励。同时教师应对学生循循善诱，多给他们用目的语实践的机会，使他们的第二语言学习逐步接近目的语。

建立语义网络、积累组块、熟练掌握产生式和克服中介语现象的措施应该同时施行并贯穿于写作教学的各个阶段。当然，由于学习者的个体因素，也由于学习的不同阶段，我们可以针对某个学习者或某个学习阶段，加强上述措施中的某几项或某一项。我们应该把这些措施作为一个整体来看待，综合培养和提高学习者的汉语写作能力。[2]

---

① Kurt Pawlik，Mark R. Rosenzweig. 国际心理学手册 [M]. 张厚粲，等译. 上海：华东师范大学出版社，2002：222.

② 徐子亮. 写作教学中培养外国学生用汉语思维和表达的方法谈 [C]// 潘文国 . 对外汉语教研论丛（第三辑）. 上海：华东师范大学出版社，2005：210-212.

本章小结

写作是有限传递系统、知识系统、策略系统、监控系统和表达系统互相协调、紧密配合的结果。

外国学生学习汉语是要在母语的第二信号系统外再建立另一个第二信号系统。外国学生的汉语习作一般是用母语思维的，所以有母语与目的语这两个第二信号系统的转换问题。

外国学生的汉语写作难点表现在词不达意、语句不连贯、结构不完整、剪裁不当等问题上。这些难点有其一定的心理成因。针对这些难点，汉语作为第二语言的写作教学要从建立语义网络、积累组块、熟练掌握产生式、克服中介语现象着手来培养学生的汉语写作能力。

知识运用

1. 在汉语写作中，大脑中的有限传递系统、知识系统、策略系统、监控系统和表达系统是怎样互相协调、紧密配合而发挥作用的?
2. 外国学生的写作一般需要把母语转换成汉语，在这个对译和转换过程中可能会遇到什么问题？产生这些问题的原因是什么？
3. 外国学生用自己的母语写作得心应手，用汉语写作却困难重重，请讨论除了语言上的问题外，还可能存在哪些其他原因，以及克服的方法。

案例分析

一、案例展示

东南亚一所公立学校，母语环境；教学对象：八年级学生；汉语水平：准中级；教师为来自中国的汉语教师。

这是一堂写作课（两节课连上，两个小时。课间休息时间学生可以离开教室）。

教学过程：

1. 教师说明本课的教学目的：学习记叙文 / 游记中移步换景的写作方法，教师板书“——游记”。
2. 教师简要讲解游记的写作要点。
3. 教师放映该班级学生暑期到中国参加夏令营，游上海豫园的视频。
4. 学生分小组讨论。

5. 学生课堂作文，教师巡视。

6. 教师点名让学生读自己写的内容并简要点评。

写作结果：本次课中给学生留出大约45分钟作文时间，但是大部分学生只写了三四个句子，有三个学生仅写了一句话，还有几个学生只是在本子上写了几个词语。作文中句子的正确率也比较低，存在词不达意或句子不完整的现象。

该班级学生写作困难的心理成因有哪些？如何加以改进？

二、案例分析指导

（一）案例分析思路

1. 认真阅读案例，针对提问找出核心内容。

2. 针对核心内容，分析形成学习者写作难点的心理成因。

3. 思考解决方案。

（二）案例分析提示

1. 本案例的核心内容

1）虽然有教师的讲解引导和视频提示写作内容，并有较为充裕的写作时间，但是学生写作效率低，习作语句不连贯、结构不完整，用汉语写作困难。

2）书面表达的句子正确率低，词不达意、句子不完整。

2. 针对核心内容的分析

1）写作停留在句子层面，结构不完整，主要缘于思维层面的不足，缺乏篇章的监控能力。

2）句子正确率低，主要因为汉语词语积累不够，词语网络中的语义线索不完备，两个第二信号系统之间的转换不熟练，因而无法把思想和内容用文字表达出来。

3）此外获悉该班级个别学生未参加暑期夏令营，因而不排除个体背景的差异，即个别学生对所写题材不熟悉，因而表现出写作困难。

3. 解决的参考方案

1）加强词语、组块积累，建立语义网络。

2）熟悉语法结构，熟练掌握产生式。

3）克服中介语现象。

4）多读范文，熟悉范文的布局及篇章结构。

第九章　汉语作为第二语言学习的学习者心理

学生是教学活动的主体，研究汉语作为第二语言教学心理首先应对学习者进行研究。在语言学习过程中，学习者个人的心理特征起着重要作用。这是因为学习作为个人的一种行为，除了受到一般的心理活动规律的支配外，还受到个人心理特征的影响。因此，研究语言学习中学习者个体的心理特征非常必要。

对外汉语教学资深教师一般会接触很多不同国家的学生，这些学生在学习上的表现也会有所不同。有的擅长交际，有的善于归纳，有的注重课外实践，有的一点就通，有的则要老师反复讲解才能听懂，等等。这些表现都跟学习者的个体心理特征有关。在语言学习中学习者的个体心理特征主要表现为认知风格上的差异。不同的认知风格与个性特征对语言学习有一定的影响。

第一节　学习者的认知风格

学习者的认知风格是指学习者在学习过程中对信息进行加工的方式。认知风格一般在学习过程中受到学习条件、学习环境和个人的禀赋、素质的影响，也受到学习者个性特征的制约。学习者个性特征中性格的内向与外向、自信心及焦虑程度等与认知风格关系密切。例如，性格外向的学生在群体活动中一般比较活跃，擅长交际。在语言学习上则表现为乐于开口、不怕犯错，因此在口语方面有一定的优势。

认知风格有一定的稳定性，同时也存在可变性。稳定性是指学习者在一段时期内会保持其认知风格的一致性，例如学习者在儿童或青年时期对事物的认知和加工基本上是一种风格。可变性指的是从学习者的整个学习过程来看其认知风格会有所变化，例如随着年龄的增长和知识的丰富，学习者会逐步调整自己的信息加工方式，也可能会学习其他人良好的学习方式和学习风格。有经验的对外汉语教师能根据学生的个性特征采取个别化的教学方式，充分调动和发挥学生的优势，使之保持良好的认知风格。他们也会促进学习者调整不够理想的认知风格，从而提高教学效率。①

教育心理学和认知心理学将学习者在学习过程中对信息加工的方式归纳为场依存性与场独立性、沉思型与冲动型、容忍倾向与排他倾向这几种类型。②③下面我们对学习者的认知风格及其与语言学习的关系进行具体分析。

一、场依存性与场独立性

场依存性与场独立性是人们对客观世界的信息进行加工的两种方式。这两种认知方式普遍存在于人们对客观世界的认知活动中。

（一）场依存性与场独立性的特点

场依存性的主要特点是注重宏观和整体性，看待事物倾向于从宏观上着眼。判断时常以外部参照作为信息加工的依据。例如，在对某个事件做出反应或在评价自己或他人时，学习者常常会受到各种外界因素的影响和干扰。在处理问题和解决问题时，场依存性强的学习者也容易忽略问题的具体情况而被其整体特征所左右。以汉字学习为例，场依存性强的学生能从形声字的声旁类推这一整体规律找到一批同音字或近音字，如古、故、姑、固、估、咕、沽、菇等都念gu，但因为只重视整体规律，忽视了语音变迁的特殊性，而把怙、祜和苦、枯等也错归到gu音中去了。

场独立性的主要特点是注重微观和具体性，看待事物倾向于从微观着眼，善于对具体信息做分析。判断时常以个人的内部参照作为信息加工的依据。在处理问题和解决问题时，场独立性强的学生能较快地从整体中抽出部分来认识和分析。不过，这样做虽可把部分与整体区别开，但也会

① 徐子亮，吴仁甫．实用对外汉语教学法 [M]．北京：北京大学出版社，2005：54.

② 邵瑞珍．学与教的心理学 [M]．上海：华东师范大学出版社，1990：245.

③ 王初明．应用心理语言学 [M]．长沙：湖南教育出版社，1990：123.

只见树木不见森林，看不到整体中各部分之间的内在联系。以学习汉字读音来说，场独立性强的学生注重具体的每一个汉字的读音，他们能够分辨含有声旁“工”的汉字的不同读音，如“红、虹”念hóng，“江”念jiāng，“功、攻”念gōng，“空”念kōng，等等，不会因声旁相同而混淆。然而，他们却不能用声旁类推的方法去识记和认读更多的形声字。

场依存性与场独立性这两种认知方式无所谓好坏。采用哪种认知方式取决于客观情况。例如，语言课技能训练时的口语练习宜采用场依存性的认知方式，因为双方的会话必须建立在一定的语境中；词语辨析则宜采用场独立性的认知方式，因为几个词语的具体比较与整体语境的关系不大。但总的来说，个体的认知方式是有倾向性的。有的以场依存性为主，有的以场独立性见长。这种倾向性的形成与个体的个性特征、生活环境及社会文化背景等都有着密切的关系。①例如，有的学生个性开朗，家庭环境比较宽松，父母给孩子较多的自主权，还有各种机会通过图书、实践活动等接触外部世界。这样的学生在课堂上乐意与老师交流、与同学合作，多方面地获取知识，因而他们在学习中会较多地表现出场依存性的认知方式。

（二）场依存性、场独立性与汉语作为第二语言学习的关系

个体有场依存性倾向的学习者比较偏重于形象思维，希望教师组织结构严密的教学，提供条理清晰的讲授提纲，并进行明确的指导和讲解，从而与其内在的情感倾向形成一个有机的互补。他们对文学、历史、地理、教育、政治、法律等学科的兴趣比较浓厚，在这些学科领域中能够充分发挥其形象思维和条分缕析的能力。而具有场独立性倾向的个体由于具有较高的分析、概括和综合能力，因而并不很关注教学结构上的严密性。他们对数学、物理、化学、生物、医学和工程技术学等学科比较感兴趣，在这些学科领域中能够充分发挥其逻辑思维和归纳整理的能力。就语言学习而言，场依存性和场独立性这两种不同的认知方式可以发挥各自不同的作用。具有场依存性倾向的学习者比较合群，善于交际。他们擅长在实际的语言环境中，通过交际自然地学习语言。来华学习汉语的外国学生，尤其是欧美学生往往擅长运用场依存性的认知方式。他们大都能较快地融

① 徐子亮.汉语作为外语教学的认知理论研究[M].北京：华语教学出版社，2000：371.

入中国的社会环境，在课堂外通过与中国人的交往获得汉语的语言和文化知识并进行实践。在欧美学生较多的班级中，我们常可以发现他们尽可能地用汉语与本国的、他国的及中国的同学交谈，哪怕汉语还不太熟练。因而这些学生的汉语口语往往进步明显。具有场独立性倾向的学生则以分析见长，善于借助课堂或其他正规的学习方式来学习目的语，他们喜欢梳理和归纳所学的语言内容，愿意相对独立地掌握所学内容，而在语言交际方面略为欠缺。日韩学生在这方面表现得比较突出。他们掌握的汉语知识较多，阅读能力也较强，但就是较少用汉语来与他人交谈，特别是跟本国同学，他们还是习惯用母语来交流。外语学习要想取得理想的效果，只认同一种认知方式是不够的，应当运用场依存性和场独立性这两种不同的认知方式，充分发挥各自的长处，让课堂教学与社会交际同时发生作用，以此来完善汉语学习。[1]

二、沉思型与冲动型

沉思型与冲动型是两种不同的认知风格，它们是在相对复杂的认知任务中所表现出来的不同反应。

（一）沉思型与冲动型的特点

沉思型的主要特点是思考周密，处理问题或事件时深思熟虑，谨慎全面，因而错误较少。这类认知风格的学习者更注重问题或事件的细节，并追求明确的答案。在汉语作为第二语言教学中，沉思型的同学喜欢刨根问底，希望知其然，更知其所以然。

冲动型的主要特点是粗枝大叶，遇到问题急于作答，其实并没有对问题做全面的思考。这类认知风格的学习者处理问题的方式趋于笼统，因而容易出错。在汉语作为第二语言教学中，冲动型的同学课堂表现活跃，发言非常积极，但常因一知半解而出错。

沉思型和冲动型这两种认知风格不是定式，在一定的条件下两者可以转换。一般情况下，随着年龄的增长、知识和阅历的丰富，个体认知的冲动性会有所下降，思考问题的时间也会变长。但在不同的年龄阶段这两种

① 徐子亮. 汉语作为外语教学的认知理论研究 [M]. 北京：华语教学出版社，2000：371.

认知风格具有相对的稳定性。比如处于小学和初中阶段的学生，有的始终认真解题，有的总是粗心答题，这还是认知风格的差异导致的。而到了高中阶段，冲动型的学生有可能会随着课程内容的深入慢慢转向沉思型。

（二）沉思型、冲动型与汉语作为第二语言学习的关系

沉思型学习者由于善于思考，细心严谨，他们的阅读成绩及原创性的设计类成绩等往往比较优良。而冲动型学习者由于急于求成，粗心大意，他们的学习成绩往往不够稳定。在汉语作为第二语言学习中，沉思型学习者善于归纳，归纳法很适合他们消化课堂教学的内容，从而完善其知识结构。所以如果教师用归纳法上课，那么沉思型学生会获益良多。比如教师教带有形旁“心”的汉字时，他们会从已经学过的形声字中归纳出形旁“心”的意义范畴。从“忧、快、恨、怒、恶、悲”等汉字中总结出“心”可以某种心情或感情，从“想、念、怀、思、怜、惜、慕、忍、忘”等汉字中总结出“心”可以表示某种心理活动，从“忠、志、惰、性”等汉字中总结出“心”可以表示某种性格品行，从“忙、急、悠、慢”等汉字中总结出“心”可以表示某种与心理有关的状态，等等，当然也会注意到这些字义归类的交叉情况。对沉思型的学生来说，这符合他们的学习习惯，再遇到带有“心”这个形旁的生字时，就能联想起“心”旁所表示的意义范畴，从而更好地记住这些汉字。沉思型学习者可能会停留在语言学习的某个阶段较长时间，不过，一旦跨入新的学习阶段就会有一个明显的飞跃。例如有的沉思型学生在课堂上口语能力较弱，但在某次旅游回来后口语水平却突飞猛进，就是因为他们平日积累的汉语知识在实际应用中转化成了汉语口语能力。

根据观察，沉思型学习者在汉语作为第二语言的学习中阅读和回答问题往往比冲动型学习者慢，但准确率高。面对教师的提问，学生在课堂上常常有两种表现，一种是抬头想，一种是低头写。前者多数是冲动型学习者，他们跃跃欲试；后者则多为沉思型学习者，他们习惯于把答案写下来后才回答。教师如果对这类学生的个性特征认识不够，对他们缺少耐心，不断催促，不让他们有充分的时间思考正确答案，就会影响他们的汉语学习。如果是进行有时间要求的语言训练，例如规定时间内的听力训练、口头回答问题或限时阅读等，那么就需要教师对沉思型学习者加以引导，强

化他们的反应能力。冲动型学习者的语言学习方法比较灵活，勇于回答问题，因而在语言学习上发言机会多，会表现出较为明显的进步。但冲动型学习者由于学得不够扎实，在一定程度上会妨碍汉语的学习。教师如果对具有这种个性特征的学生进行有针对性的训练，如做一些注重语料细节的练习，则可以弥补由于学生个性所造成的学习上的不足，使他们的汉语学习得到较大的收获。[①]

三、容忍倾向与排他倾向

人们对客观事物的接受和概括是有差别的，形成了容忍倾向与排他倾向两种不同的认知方式。

（一）容忍倾向与排他倾向的特点

容忍倾向表现为容易接受概括性强的事物。其长处是概括、综合能力强，富于探索精神。具有容忍倾向的个体往往能兼收并蓄与其思想和知识结构不同的观点或意见。其短处是概括性过强，会纳入不属于同类的事物或者将只符合某类事物的客观规律扩大化，造成规则泛化。比如汉语中某些形容词兼有动词用法，如“丰富内容、严格纪律、繁荣经济、密切关系、平整土地”等，虽然这类形容词的用法跟他们母语中的形容词用法不同，但具有容忍倾向的外国学生能吸收这种用法。不过，由于他们常常会扩大应用范围，出现“热情感觉、潇洒衣服、疼痛心脏”这样的用法，泛化了原有的规则。

排他倾向表现为接受概括性弱的事物。其长处是善于在确定的范围内对事物和现象进行分类和细化。其短处是不能容忍不明确的事物，有时会把属于同类的事物也排除在外。比如，汉语中宾语与动词的意义搭配关系分为表示动作对象的，如“我拿书包”；表示动作结果的，如“她写了一篇小说”；表示动作处所的，如“他来上海”；表示动作所用工具的，如“我写毛笔”；等等。由于分类细致，具有排他倾向的外国学生易于接受。但他们对于“打扫卫生、弥补过失”等这类习惯性的固定搭配却无法接受，“卫生被打扫了，不是更脏了吗？”“过失弥补了，不是更错了

① 徐子亮. 汉语作为外语教学的认知理论研究 [M]. 北京：华语教学出版社，2000：374.

吗？”因而，他们不会造出“改进缺点”之类的病句。

（二）容忍倾向、排他倾向与汉语作为第二语言学习的关系

语言学习一般要经历一个从少到多的认知过程。在学习的初始阶段，由于词语、语法规则和表达方式的掌握都比较有限，因而学习者常常回避使用新学的词语和句式。例如，“把”字句是汉语的特殊句式。外国学生刚学“把”字句的时候会因为在母语中找不到对应的句式而回避使用，比如将“你把课文念一遍”说成“你念一遍课文”。到了一定阶段，学习者又会由于泛化所学到的语言规则而出现偏误或失误。比如，学生会说“如果你把这件事相信是他干的，你会失望的”。“把”字句的动词要有“处置”意义，而句中的动词“相信”不具备“处置”意义，学生将“把”字句的语法规则泛化了。不过，随着学习的深入，学习者掌握“把”字句的语法规则后就会进行调整，泛化现象也会得到一定的控制。可见，容忍倾向和排他倾向在整个语言学习过程中是相辅相成、互为补充的。

“每种语言都包含着一种独特的世界观。”[①]对外语学习者来说，学习一门外语就意味着学会另一种看待世界的方式。持容忍倾向的学习者较能包容不熟悉的内容，对于自己现阶段难以理解或接受的语言材料也持有接受态度。例如聆听或阅读一段语言材料，其中有一些没学过的语句，或者学过却记忆模糊的语句，尽管不能完全听懂或看懂，但只要能猜测出大概的意思就能接受。而持排他倾向的语言学习者则不同，母语知识在他的认知结构中已根深蒂固。新的语言内容或者是被其母语同化，如有的外国学生总是在用汉语形容词做谓语时加一个“是”；或者是花费较长时间才被其接受，如汉语兼语句的使用；或者采取回避的态度，如避免使用不熟练的“把”字句；等等。我们曾接触过一个排他倾向明显的日本学生，由他所任职的日本公司派到中国来学习10个月汉语，要求从零起点达到汉语中级水平。该学生固守长期以来母语的学习习惯，对学习的内容精雕细琢，拒绝接受他不认可的信息。在学习的初始阶段处处以语音为重，在以后的汉语词语、语法、听力和会话学习中还是把80%的精力花在语音上。几个月下来，他与同时入学的其他学生的差距越来越大。尽管老师花了很

---

① 这是著名的理论语言学家洪堡特的观点。

多时间为他单独补习，但由于他执着于个人的学习方式，在课堂上也不能与老师同步，老师上课，他自学，对很多教学内容也采取回避态度，以至于在最终的结业考试中他的成绩最差。他的HSK成绩也比其他学生低了两个等级。[①]从中我们可以看出个人的认知方式对学习有很大的影响。

容忍倾向与排他倾向这两种认知方式在外语学习中都具有一定的作用。一般来说，进行输入性的听读技能训练时，学习者采取容忍倾向的认知方式比较适宜，可以获得更多的知识内容；而进行输出性的说写技能训练时，学习者采取排他倾向的认知方式能较好地减少出错。优秀的语言学习者能兼采两者的长处，既准确地运用语言规则，也会大胆探索。他们在运用语言时顾虑较少，通过实践来证实他们对语言规则所做的假设，从而达到语言学习的良好境界。[②]

四、认知风格与课堂教学方法的关系

对外汉语教师掌握教学对象的特点，有利于采取相应的教学措施，提高教学效果。学习者的认知风格与课堂教学方法的运用有着内在的联系。场依存性与场独立性、沉思型与冲动型、容忍倾向与排他倾向的认知风格所适应的教学方法也是各不相同的。

在场依存性认知风格的学习者居多的班级，教师可以较多地运用先讲后练的讲练法进行教学。因为这类学习者希望教师系统而有条理地讲授知识。这类学习者还喜欢从整体到具体地加工信息，所以先规则后例子的演绎法也比较适合他们。

在场独立性认知风格的学习者居多的班级，教师可以较多采用练讲法。所谓练讲法就是先练后讲。这种教学方法的特点表现在教师以重点、难点的讲解为主。场独立性认知风格的学习者有较强的综合归纳的能力，所以教师对重点、难点的讲解正是他们所希望的。用先例子后规则的归纳法讲解课程内容也适合这类学习者，因为他们喜欢从具体到整体地加工信息。

在沉思型学习者居多的班级，教师适合采用归纳法进行教学。与场独立性认知风格的学习者相同，这类学习者也喜欢从具体到整体地加工信息。

① 徐子亮.汉语作为外语教学的认知理论研究[M].北京：华语教学出版社，2000：376.

② 同上。

在冲动型学习者居多的班级，教师采用提问法或对话法进行授课是比较理想的选择。冲动型学习者回答问题比较踊跃，用问答的方式，或者师生和同学之间围绕某个话题或语料进行对话，也能提高学生的学习兴趣，活跃课堂气氛。相反，对话法等这类教学方法在沉思型学习者居多的班级往往开展不起来。

具有容忍倾向的学习者比较适应情景交际法。他们善于从交际中学习和归纳知识，并通过交际来应用这些知识。先例子后规则的归纳法也比较适合具有容忍倾向的学习者，因为他们与场独立性认知风格的学习者一样，也善于从具体到整体地加工信息。

在排他倾向的学习者居多的班级，教师可多运用对比法进行教学。对比母语与目的语的异同（语际对比）、对比目的语中不同句型的特点（语内对比）都可让学习者更好地掌握目的语知识。

认知风格与课堂教学方法的关系是相对的，如何处理好两者的关系需要教师在教学过程中不断分析观察，并根据教学实践适时调整，从而保证教学活动的顺利进行。

第二节　学习者的情感因素

学习是一种与情感密切相关的心理活动。动机、态度、性格等情感方面的人格特征与学习的效率和效果相互影响、相互作用。学习心理学告诉我们“良好的性格特征有助于学业成功。而学习上的成功又能增强学习者的信心，得到情感上的满足，产生良好的心境，使其对未来的学习志向水平提高，学习更加勤奋。进而促进开朗、乐观和积极进取的性格发展”。[①]相反，学习失败会导致消极情绪的产生，并形成不良的性格。

一、动机

动机是驱使人们活动的一种动因和力量，包括个人的意图、愿望、心理的冲动，或企图达到的目标等。[②]不同的动机对语言学习有不同的影响。

---

① 邵瑞珍. 学与教的心理学 [M]. 上海：华东师范大学出版社，1990：253.

② 邵瑞珍. 学与教的心理学 [M]. 上海：华东师范大学出版社，1990：270.

（一）动机的分类

就学习而言，动机一般分为内部动机和外部动机。内部动机是个体自身所产生的动力，来自个体自身的兴趣和认识，如有的外国学生对中国文化有浓厚的兴趣，有的钟情于中国的悠久历史，也有的向往中国的名胜古迹。外部动机是由外部诱因而产生的动力，来自他人的影响或教师的肯定和鼓励，例如因为成绩好而得到奖励等等，从而激发学习的积极性。

（二）动机的作用

动机对汉语作为第二语言的学习产生较大的影响。来中国学习汉语的外国学生如果有明确的学习目的或学有所成，就能激发起学习的动力。有位新加坡学生来中国学习的目的非常明确，就是希望本科毕业后回新加坡当中文教师。她激发出强大的学习动力，上课从不请假，从不迟到早退，作业完成得非常认真。有一次老师布置调研作业，要求找三个中国人进行访谈，了解他们对方言的看法。结果她找了五个不同年龄层次和职业的中国人进行调查，还写了一篇1000多字的调查报告。同样，成就感也能激发出学习的动力。有位因丈夫来中国工作而随行的韩国太太，她来中国以前是韩国医院的一名护士，上有公婆，下有小叔、小姑和儿女，生活、工作十分辛苦。来中国以后，她的生活一下子变得清闲。为了消磨时光，她来学校学习中文。由于她较年长，学习态度认真，结果在班级中得到同学的尊重和老师的赞扬。这种荣誉感提高了她学习汉语的自信心和积极性，而自信心和积极性又反过来促进了她的学习。这个例子说明肯定能激发学习者的学习动机，促进学习的积极性。同样那位新加坡学生由于学习成绩优秀赢得了他人的尊敬，并进一步形成新的学习动力。由此可见，明确的学习动机可以提高学习效率并获得理想的学习效果。动机推动学习，学习又增强动机，两者互为因果。

（三）动机的培养和激发

动机的激发可促进学习者主动的学习。因此学习动机的培养和激发十分重要。明确学习目标、培养学习兴趣、确立切实的志向，以及利用反馈、奖惩和竞争等都是培养和激发学习动机的具体可行的措施。

明确学习目标使学习者保持旺盛的学习热情，能让学习者克服困难、跨越障碍。教师可以经常强调学习目标来激励学习者。例如有的学生是为了获得HSK某个等级的证书，也有的学生是为了求职。教师可以让学生多练习HSK模拟题，以此来激励他们通过考试，对有求职目标的学生则可以鼓励他们多提高汉语的听说水平。

因为学习动力往往来自兴趣，所以培养学生的学习兴趣非常有用。教师可以通过生动的学习内容、灵活的教学方法充分激发学生的好奇心和求知欲。教师可以准备学生感兴趣的语言材料或话题，通过情景设置或提问来积极引导学生，还可以运用多媒体等教学手段来培养学生的学习兴趣。例如方言课的开设既能帮助学习者解决一些生活问题，又可以激发他们的求知欲。尽管外国学生学习方言难度很大，但是对学习内容的兴趣可以给他们带来学习的动力。

确立切实的志向也是激发学生学习动机的方法。学业志向是学生主观愿望的表现。例如，有位巴西航空公司的空姐的主观愿望是通过三个月的强化训练解决汉语日常用语的听说问题，使她能在飞往中国的航班上工作。解决汉语日常用语的听说问题就是这个学习者的学业志向。学生充满信心的时候，确立的志向高，学习动机也强。反之，对学习缺乏成功的信念，确立的志向低，学习动机也不会强。教师应帮助学生确立切实的志向，从而培养学生的学习动机。

利用反馈也是激发学生学习动机的有效办法。反馈可以让学生了解自己的学习结果，其中也包括看到自己的缺点或不足，从而激发上进心。许多实验证明反馈，尤其是及时反馈，对激发学生的学习动机和提高学生的学习积极性作用显著。另外，合理的奖惩也能激发学生的学习动机，受表扬对学生的激励作用最大且有长期效应；受批评的激励作用次之；受忽视的激励作用再次之；而未受到奖惩也未见他人受到奖惩则无任何激励作用。[①]这表明合理地使用奖惩手段可以激发学生的学习动机。竞争也是一种激励机制，部分学习者争强好胜的个性往往会在竞争中表现出来。学习者可以通过竞争互相激励，也可以增强学习的动力。班级集体学习和个别授课是汉语教学最常见的两种学习形式。个别授课有时会因为没有集体学习的环境或者缺乏竞争而使学习者学习动力不足。可见竞争机制在一定程度上可以激发学习动机。

---

① 叶奕乾，祝蓓里. 心理学[M]. 上海：华东师范大学出版社，1996：334.

二、态度

态度是个体对特定对象（人、观念、情感或者事件等）所持有的稳定的心理倾向。教师关注学习者的学习态度可以提高汉语作为第二语言的教学效果。

（一）态度的定义

加涅指出态度是通过学习形成的影响个体行为选择的内部状态。加涅对态度的定义包含了三层意思：其一，态度是一种反应的倾向性，而不是实际反应本身，它可以使某些行为的出现成为可能；其二，态度决定人们的行为选择，即愿意不愿意做，与个人的能力无关；其三，态度是通过学习或经验形成的。个体可以通过与其环境相互作用而形成或改变态度。①比如有个学习态度认真的学生，他听教师介绍晨读外语能提高记忆就准备这样做。态度指的就是他对晨读外语的反应，或者说由于认真的学习态度使他晨读外语成为可能。即他愿意晨读外语，而不是晨读这一行为本身。其次，是否晨读外语不是由这个学生的能力所决定的，而是由他的学习态度所决定的。对待晨读外语这件事的态度是通过这个学生与环境的相互作用而形成的，或者说这个学生对晨读外语的积极态度并不是天生的，是在教师的指导下或者受到周围学生的影响形成的。我们可以设想，如果他周围的学生学习都十分刻苦努力，那么在这种环境的熏陶和影响下，他也会采取积极认真的学习态度。反之，周围的学生都很懒散的话也会影响他的学习态度。

（二）态度的形成

态度一般由认知成分、情感成分和行为成分构成。②

态度的认知成分指个体对态度对象所具有的带有评价意义的观念和信念。对同一件事，不同的人会持不同的态度，不同的态度中含有不同的认知成分。例如，对待学习成绩有的学生看得很重，有的学生则无所谓。重视的学生会向老师问每次测验甚至作业的成绩，不仅要知道分数怎么评，

---

① 邵瑞珍. 学与教的心理学 [M]. 上海：华东师范大学出版社，1990：158.

② 同上。

还想知道其他同学的分数并进行比较；无所谓的学生测验过后很久都不拿测验卷，似乎成绩与他无关。

态度的情感成分是指伴随态度的认知成分而产生的情绪或情感体验。例如，有的学生对于成绩的好坏情绪反应强烈，看到好成绩喜形于色，看到坏成绩则懊丧不已。有的学生的情绪很稳定，不管成绩如何都很平静。

态度的行为成分是指准备对某对象做出某种反应的意向或意图。人们对待某种行动的态度是不同的，有人有始有终，有人半途而废，有人浅尝辄止。例如，外国学生选修了中文课后，有的学生从开学第一节课听到最后一节课，从不缺课；有的学生学了半个学期就放弃了；也有的学生上课后一遇到困难就退缩了。也有态度的行为成分与认知成分、情感成分相分离的情况，例如有个别学生不断向老师保证认真做作业却做不到。一般情况下，认知成分、情感成分和行为成分应该是一致的。[①]

（三）态度与动机的相关性

动机与态度是互相关联的。正确的动机带来良好的态度，动机不纯或者造成态度不佳，或者无法维持良好的态度。有的外国学生来中国学习汉语是为了提高汉语水平，将来从事文化或经贸的中外交流工作。这类学生的动机明确，所以学习态度很积极，认真投入各门课程的学习。有的外国学生在本国的考试失利，为了混个文凭而来中国学习汉语。因为动机不纯，所以学习态度也很消极，经常迟到、缺课或不交作业等等。不过，学习态度并不是一成不变的。被动的学习态度经过教育和环境的熏陶可以向好的方向转化，而良好的学习态度也会因为某些事件或因素的影响而发生变化。汉语作为第二语言教学要取得成效，应关注良好的学习态度的保持。

良好的学习态度的保持有赖于学习动机的强化和师生的共同努力。明确的学习动机可以激发和促进学习者的学习积极性和上进心，并使之持续较长的时间。但是有时受外界环境的影响、个人情绪的波动等，学习动机也可能会弱化。这就要求教师帮助学生重新端正态度，树立信心。例如有位汉语本科专业的日本学生学习一直都非常主动、认真。但进入毕业论文撰写阶段反而松懈下来，其他学生都进入了答辩准备阶段，她连论文初稿都没拿出来，甚至还打算延期毕业。指导教师与她交流后得知由于求职

---

① 邵瑞珍. 学与教的心理学 [M]. 上海：华东师范大学出版社，1990：158.

不顺利，她的情绪受到较大影响。教师一方面找她谈话，引导她端正态度和树立信心；另一方面给她提供切实的帮助，使她振作起来。最后这位日本学生顺利通过论文答辩并如期毕业。语言学习往往在初级阶段的进步明显，进入准中级阶段就会有段“平原期”。这是语言学习的过程中必然要经历的阶段，教师应想方设法调动学生的学习积极性，强化他们的学习动机，并帮助他们克服困难，取得进步。教师的热情指导及对学生的理解和帮助都有利于学习者形成和保持良好的学习态度。

三、性格

学习者的性格特征与学习效果也是互相影响的。

（一）性格的定义

性格是个体比较稳定的心理特征。它是人对现实的较稳定的态度和与之相应的行为方式。[①]心理学对性格的这一解释包含了两层意思：其一，性格是个体对现实的态度。例如，对待语言学习是积极投入的态度还是消极被动的态度，在学习中遇到困难是独立思考想办法解决还是依赖别人的帮助，等等。其二是行为方式。由于态度不同，那么与之相应的行为方式也不同。例如，如果学习者以积极的态度投入语言学习，就会采取一系列的相应措施，制订学习计划并针对自己的弱项重点练习等；如果学习者以消极的态度对待语言学习，就会只满足于完成教师布置的作业，学习上得过且过。

（二）性格类型与语言学习

性格特征在不同的个体身上构成了不同的性格类型。心理学家按一定的标准对性格类型进行了分类，提出了机能类型说、向性类型说、独立—顺从类型说、特性分析类型说和文化—社会类型说。[②]以下重点介绍与语言学习相关的三类。

---

① 韩永昌. 心理学 [M]. 上海：华东师范大学出版社，1993：212.

② 韩永昌. 心理学 [M]. 上海：华东师范大学出版社，1993：218-223.

1. 机能类型说

这是由英国心理学家培因（A. Bain）和法国心理学家李波（T. Ribor）按心理标准分出的类别，它以理智、情绪、意志在心理机能方面哪一个占优势来确定性格类型。[①]

理智型的人在情绪和行为方面表现得比较冷静，观察事物细致，学习认真，思维活跃，不易受外界的影响和干扰。

情绪型的人遇事比较情绪化，容易冲动，处理问题时常常会感情用事。学习时情绪波动大。这类人对学习有兴趣的时候情绪高涨、干劲十足，甚至废寝忘食；遇到困难就烦躁不安，甚至一蹶不振。

意志型的人目标明确，自制力强，表现在学习上则是有毅力和忍耐力，即使基础差也勇于克服困难，迎头赶上。他们的不足之处在于有时比较固执，灵活性不够。

这三种都是比较典型的类型，也有基于三者的中间型或交叉型性格类型，比如，理智—意志型等。教师应努力把握这三种不同性格类型的学习者，尤其要引导好情绪型学习者。

2. 向性类型说

这是瑞士心理学家荣格（Jung）提出的学说，即按个人心理活动倾向于内部世界还是外部世界来确定性格类型。心理活动倾向于内部世界的属于内向型，反之属于外向型。[②]内向型的人一般稳重沉着，谨言慎行，重视他人的评价，适应环境的过程较长。他们对于语言结构形式的学习比较深入，基础扎实。由于不善交际，所以在口头交际方面较为欠缺。外向型的人一般活泼开朗，处事灵活，善于交际，对外界事物较感兴趣。由于爱交际，较易融入环境，所以他们在语言学习上听说能力的提高快于读写能力。但是他们对事物的感知和把握失于粗疏，容易浅尝辄止，因而学得不够扎实。对外汉语教师要掌握这两种学习者的性格特征，尽可能做到扬长避短。

3. 独立—顺从类型说

这是按照个体独立性的程度来确定性格类型的学说，独立性强的属于

---

① 韩永昌. 心理学 [M]. 上海：华东师范大学出版社，1993：218-223.

② 韩永昌. 心理学 [M]. 上海：华东师范大学出版社，1993：219-220.

独立型，反之属于顺从型。[①]独立型的人处事果断，不易受外界的干扰和影响，善于独立发现问题和解决问题。他们在学习上善于独立思考和完成各项作业。但这类性格特征的人有时主观武断，自以为是，不易接受他人的意见。顺从型的学习者独立性差，易受外界的干扰和影响。他们在学习上比较依赖教师，独立思考和解决问题的能力较差。对外汉语教师要引导这两类学习者。既要防止独立型学习者自以为是，有错不改，又要给顺从型学习者创造条件训练他们的独立思考能力。

从语言学习的角度看，动机和态度对学习的影响比性格方面的影响更直接。不论哪种性格的学习者，只要他有明确的学习动机、认真的学习态度，他的学习就会取得良好的效果。性格是非智力因素，它对学习成功并不起决定因素，但能起到一定的促进作用。一个意志坚定、认真刻苦的人，即使他的语言基础差，也能通过不懈的努力获得成功；一个语言基础好的人，如果他在学习上懒散马虎、敷衍了事，那么也很难有成效。因此，良好的性格特征可以促进学习，而学习成功又可以进一步促进良好性格的培养。

汉语作为第二语言的教学大部分是以班级教学的形式进行的。因此一个班级中会有各种不同性格特征的学习者在一起学习。对外汉语教师一般采取从众的方式进行教学。所谓从众就是以班级中大多数学习者的性格特征为主要倾向性特征。教师根据班级中大多数学习者的性格特征进行教学，同时也可兼顾少数学习者的性格特征。例如，在一个22个人的班级中，20个人是日本、韩国等亚洲学生，只有两个人是加拿大学生。亚洲学生的性格特征倾向于顺从型，而加拿大学生则倾向于独立型。加拿大学生在学习过程中善于独立思考，一学新的语言点就尝试应用。而亚洲学生比较依赖教师，希望教师举大量的例句让他们模仿。在课堂上他们总是抄写和记录教师的例句，而疏于即时的操练。在这种情况下，教师可以板书一定的例句，同时也注意安排一定的口头操练。这样就既能照顾到加拿大学生的性格特征，又可避免亚洲学生开口不足的缺点。

总之，就语言学习而言，学习者的动机、态度、性格等情感因素会直接或间接地影响语言学习的效率和效果。

---

① 韩永昌. 心理学 [M]. 上海：华东师范大学出版社，1993：219-220.

本章小结

除了受一般心理活动规律的支配外，汉语作为第二语言的学习还受到学习者个体心理特征和心理因素的影响。

学习者的个体心理特征主要表现为认知风格上的差异。认知风格是指学习者在认知过程中对信息进行加工的方式。它们有场依存性与场独立性、沉思型与冲动型、容忍倾向与排他倾向等类型。不同类型表现出不同的认知特点。认知风格有一定的稳定性，同时也存在可变性。

学习是一种与情感密切相关的心理活动。动机、态度、性格与学习的效率和效果相互影响、相互作用。

知识运用

1. 你自己或周围的同学占主导地位的认知风格是哪一种？具体有哪些表现形式？
2. 人在学习活动中所形成的认知风格有一定的稳定性，但也有可变性。促成认知风格变化的因素可能会有哪些？
3. 结合个体经验，谈谈动机、态度、性格在外语学习中有怎样的作用和影响？

案例分析

一、案例展示

小赵老师新入职一所国际学校负责教授中学生汉语。教学之初，她认为自己是汉语国际教育专业硕士，因而充满信心，但很快发现工作压力非常大。备课要花费大量的时间撰写教案、做PPT，有时还要制作教具。上课过程也不顺利。她教的班级以韩国、日本等东亚学生为主，也有德国、美国、加拿大等欧美学生。东亚学生相对拘谨，欧美学生比较开朗却易冲动。她在课堂上提问时，常常问题刚提出就被几个欧美学生抢答了，东亚学生却忙于记录问题、书写答案。久而久之，东亚学生都成了听众。另外，初中生处于青春叛逆期，他们常常给老师出难题。班里有个学生上课经常大声说话，引得同学们哄堂大笑，扰乱了教学秩序。他对此不仅毫不愧疚，还十分得意。因此，除了上课外，小赵老师还要管理课堂纪律。她感觉整天忙于应付，毫无工作的乐趣和成就感。

请从认知风格的角度分析这个班级的学生特点，并帮助小赵老师提出一些解决问题的方法。

二、案例分析指导

（一）案例分析思路

1. 认真阅读案例，找出该案例的核心内容。

2. 针对核心内容，分析汉语作为第二语言学习的学习者心理。

3. 思考解决方案。

（二）案例分析提示

1. 本案例的核心内容

1）书写答案和抢答问题这些表象背后的东亚学生和欧美学生认知风格的差异。

2）教师可以对影响课堂纪律的学生做个案分析。

2. 针对核心内容的分析

1）东亚学生的表现反映出沉思型的认知风格，欧美学生的表现反映出冲动型的认知风格。

2）教师可以从学习动机和学习态度入手，分析影响课堂纪律的学生。

3. 解决的参考方案

1）了解沉思型与冲动型的认知风格与汉语作为第二语言学习的关系，寻求符合该种认知风格的课堂教学方法。

2）明确的学习动机和良好的学习态度可以激发和促进学习者的学习积极性和上进心。教师可以运用多种方式帮助学生明确学习动机，树立良好的学习态度。

第十章　对外汉语教师的心理特点

汉语作为第二语言教学的基本原则之一是“以学生为中心，以教师为主导”。教师在教学中采取“满堂灌”“一言堂”固然不可取，但教师对学生放任自流也失之偏颇。实际上，教师在课堂内外扮演着不同的社会角色。教师教学的主要任务仍是给学生“传道、授业、解惑”，这要求教师具备专业知识和技能及教学组织能力等。教师的高度责任感、稳定的情绪和广泛的兴趣也是吸引学生全身心投入学习的重要条件。

第一节　对外汉语教师的角色和能力

教师是教学活动的主导方，其心理直接影响着教学活动。认识和研究教师的心理特点是保证教学活动顺利展开并获得良好效果的必要条件。教师在教学活动中担当什么样的角色，或者说，作为一种社会职业角色，教师应当以什么样的形象出现在教学活动及人们的视野中，教师应当具备哪些能力才能胜任其职业角色，这都是我们首先要讨论的问题。

一、对外汉语教师的角色

国内学者对教师这一职业角色有过比较全面的分析和论述。邵瑞珍（1990）认为“每个教师都在不同层次、不同侧面的学校社会生活中，扮演不同的社会角色”。对教师的角色进行分析，可以归纳为：

1. 权威者的角色

（1）知识的传授者；
（2）团体的领导者；
（3）模范公民；

（4）纪律的执行者；

（5）家长的代言人。

2. 心理工作者的角色

（1）朋友与知己；

（2）人际关系艺术家；

（3）心理治疗者。①

莫雷（2002）则将教师在其工作中应具有的角色归纳为五种：

（1）学习的指导者和促进者：教师应当指导学生掌握知识和技能，发展各种能力，促进学生的学习。

（2）行为规范的示范者：教师要以自己的言行作为学生的表率。

（3）心理辅导员：指导学生健康地成长，促进学生良好人格特征的形成。

（4）班集体活动的领导者：帮助学生在集体活动中律己，培养良好的集体氛围与和谐的人际关系。

（5）教育科研人员：通过教育科学研究，解决教学中的问题，提高教学水平。②

综上所述，根据汉语作为第二语言教学工作的特点，我们认为对外汉语教师的基本职业角色应当是学习的示范者和指导者、教学的组织者和研究者。

（一）学习的示范者

除了以自己的品行为学生做出行为示范外，对外汉语教师还需要从学科专业的角度做好示范。汉语作为第二语言教学是对母语非汉语的学习者进行汉语教学。如果对外汉语教师以自己的母语——汉语作为目的语教学，事实上这种情况占了对外汉语教师的绝大多数，那么首先就应当是一个优秀的语言示范者。这种示范性体现在两个层面，其一是语言的示范，其二是语言所承载的文化的示范，特别是交际文化的示范。语言的示范具体表现在发音吐字应当“字正腔圆”，遣词造句应当规范准确，语义表达

① 邵瑞珍. 学与教的心理学 [M]. 上海：华东师范大学出版社，1990：357.

② 莫雷. 教育心理学 [M]. 广州：广东高等教育出版社，2002：519-520.

应当清晰流畅，汉语书写工整，笔画笔顺正确。在这里我们并不否定语言教师的个性化教学，我们所强调的是作为一名语言教师在教学中应当是位优秀的示范者。文化的示范主要表现在语言交际文化和行为文化两个方面。对外汉语教师将自己的母语作为目的语教给母语非汉语的学习者的过程也是一种跨文化交际的过程。在这个过程中，教师通过自身的言行对目的语文化做出种种示范。例如，教师在天气变化的时候对学生说“多穿点儿衣服，小心着凉”。这是中国文化中表示关心的一种方式，并非把对方当成孩子来看待。有时为避免外国学生误解应做些必要的解释和说明。

（二）学习的指导者

教师在中国传统文化中被认为是“传道授业解惑”的“师者”。现代意义上的教师不仅传授知识，还要在学生知识学习和技能掌握的过程中进行指导，帮助学生构建知识体系。就汉语作为第二语言教学而言，一方面，学生通过教师的示范和讲授学习语言知识和培养语言能力；另一方面，教师也在教学过程中指导学生，激发学生的学习动机，充分发挥学生的学习积极性。在语言学习中，运用不同的学习策略会对学习效率和效果产生一定的影响。如果教师在这方面对学生多加指导，就会给学生很大的帮助。教师作为学习的指导者的作用建立在师生互动的基础上。当然由于汉语作为第二语言教学的特殊性，师生互动还需要重视跨文化交际中的文化差异。

（三）教学的组织者

教师最基本的工作是组织教学活动和实现教学活动的预期目标。从这一意义出发，教师是教学活动的组织者。组织教学活动具体体现在教师设计教学方案上。同时，教师还要根据教学活动的目的、要求选择教学材料，实施教学活动，合理分配教学资源，以及对教学活动进行调控等。

教师作为语言教学的组织者，其组织的教学活动应该包括课堂教学和课外实践。除了课堂教学活动外，课外实践也直接影响教学效果和学生语言水平的提高。因而，对外汉语教师不仅有责任组织好课堂教学，也要组织和安排好课外实践。

（四）教学的研究者

教师不仅从事教学活动，还应对教学活动及教学活动的对象——学生加以研究。教学活动是一项以理论为基础、以实践为过程的掌握知识和培养能力的智力活动。在这项活动中会出现各种问题，这些问题都值得研究和探讨。因此，教师也需要具备研究意识和科学精神，不断从教学中发现、思考和解决问题。不仅如此，教师还应当研究教学对象，即了解学生的心理共性和个性差异，从而做到因材施教。特别是对外汉语教师，由于其教学对象是国别各异的学生，所以在教学中，对外汉语教师还要注意文化差异、个性差异等，才能顺利地完成教学任务。

二、对外汉语教师的能力

教育学和教育心理学对教师的能力都有专门的论述。张斌贤等（2002）在阐述教师个体专业性发展时认为，教师个体专业性发展包括专业思想、专业知识、专业能力和专业自我在内的教师自身素质的提高及专业自我的形成。教师的专业能力包括教学设计能力、表达能力、组织管理能力、交往能力、处理突发事件的能力、反思能力、研究能力、创新能力。[①]莫雷（2002）将教师的能力概括为：一般教学能力（包括专业知识、组织教材的能力、言语表达能力、组织教学的能力、教学媒体使用的能力）、教学监控能力与教学效能感（即教师对自己影响学生学习行为和学习成绩能力的主观判断）。[②]

综上所述，结合汉语教学实践，我们认为对外汉语教师要胜任自己的工作，应具备专业知识和技能、教学能力、监控能力。

（一）专业知识和技能

对外汉语教师的专业知识和技能应该是多层次的，包括教师个体的知识结构和语言能力。对外汉语教师的基本知识结构应以汉语语言的本体学科知识为基础，以汉语作为第二语言教学理论和实践为主导，以广泛的中

① 全国十二所重点师范大学．教育学基础 [M]. 北京：教育科学出版社，2002：118-119.

② 莫雷．教育心理学 [M]. 广州：广东高等教育出版社，2002：525-530.

国文化知识及跨文化交际的知识为背景，结合心理学、教育学、计算机科学等相关学科知识及外语来进行构建。对外汉语教师的专业知识是从事汉语作为第二语言教学工作的基本保证。

作为语言教师，对外汉语教师应该有较强的语言能力。在课堂教学中学生主要通过教师的语言传递来获得知识，因而语言表达是教师的基本职业能力。例如解释“对”和“对于”的用法，这是外国学生在汉语学习中经常遇到的问题。对外汉语教师要解决这一问题，首先应具备这对介词的汉语本体知识。“对”和“对于”都有引进动作、行为对象的作用，在一般情况下可以通用，即能用“对”的场合大都可以用“对于”。它们的主要区别在于“对”有指示动作、行为对象的作用，“对于”没有这一用法。“对”和“对于”都有“对待”的意义，但表示人与人之间的对待关系时常用“对”，不用“对于”。①对外汉语教师必须用学生可懂的话语条理清晰地将上述语言知识教授给学生。如果教师不能通过举例讲清楚这对介词的差别，那么学生还是无法获得这一知识。在汉语作为第二语言的教学中，对外汉语教师的语言表达，不论是语音语调，还是遣词造句，对学生都具有示范作用。因此，其教学质量和效果与语言表达有密切关系。语言表达的清晰度、逻辑性、说服力和表现力都会对学生产生极大的影响。教育心理学指出教师在教育教学过程中运用的语言就是教师的职业口语，其要求是具有规范性、科学性与生动性。教师良好的语言表达能力表现为形式简单、语句不长、停顿适当、词汇丰富、简练准确、内容具体、形象生动、逻辑严密和符合学生的理解水平。②

（二）教学能力

汉语作为第二语言的教学能力包括设计、实施教学和分析反馈的能力。设计教学的能力具体表现在三个方面。首先，教师要确定教学起点、分析教学对象的汉语水平。这是教学设计的前提。其次，教师要分析教学任务，确定学习者的学习目标，并探索从学习者的现有水平到实现教学目标所要经历的阶段；然后，教师要对教材进行深入细致的研究，有驾驭教材的能力。同时，教师还要设计或充分理解教学大纲，制订教学计划和具

① 卢福波. 对外汉语常用词语对比例释 [M]. 北京：北京语言大学出版社，2000：165-166.

② 莫雷. 教育心理学 [M]. 广州：广东高等教育出版社，2002：528.

体进度。

汉语作为第二语言教学以传授汉语语言知识、培养语言技能为主要的教学目标，因此，教师在教学实施阶段应从方法、教具、活动等方面入手，运用有效的教学技术来进行教学。教师必须具备讲解和操练的教学能力。教师的讲解要重点突出、化繁为简、有针对性，同时还要在课堂上对学生多提问，进行启发和引导。语言学习过程中改错也是教师的常用教学手段。除此之外，对外汉语教师还应具备评估教学的能力。在教学反馈阶段，教师应评估教学效果，从测验等方式中得到教学反馈。教师可以根据测评结果来检验教学目标的实现程度。如果教学目标没有完全实现就得找出原因，并采取相应的措施来弥补。

（三）监控能力

监控能力指教师的教学组织管理能力。教师把握好教学进度，有效地组织教学，控制教学节奏，调节课堂气氛，引导学生积极参与教学活动，这些都是教师监控能力的具体表现。把握教学进度和有效地组织教学的目的是为了实现教学目标，这是教师在进行课堂教学前已计划好的。教师要做到这一点首先得熟悉学生的知识水平、学习能力和个性差异。在课堂教学中，学生群体中的个体差异会对教学组织和教学进度带来影响。同一个教学内容，有的学生理解得快，有的学生慢。这要求教师在对学生充分了解的基础上，有针对性地组织教学。在保证教学质量的前提下把握好教学进度，使教学过程得以顺利进行。

教师的监控能力还表现在控制教学节奏，调节课堂气氛，以及引导学生积极参与教学活动等。心理学认为高级神经活动的基本过程是兴奋过程和抑制过程，有机体的一切反射活动都是由这两种过程的相互关系决定的。兴奋过程与有机体的某些活动的启动或加强相联系，抑制过程与有机体的某些活动的停止或减弱相联系。兴奋和抑制虽然作用相反，但却是互相依存，互相转化的。①整个大脑或大脑的某一部位有时兴奋占优势，有时抑制占优势，有时由兴奋转入抑制，有时由抑制转入兴奋。当某类信息刺激过强、过多或作用时间过长时，大脑皮层的神经细胞就会因兴奋过度

① 叶奕乾，祝蓓里. 心理学（修订本）[M]. 上海：华东师范大学出版社，1996：25-26.

而进入抑制状态，以此来保护疲劳的脑细胞，使之免受损伤，心理学称之为超限抑制，也叫保护性抑制。[①]教学过程中如不注意节奏，一味地加强信息刺激，加大教学容量，加长教学时间，非但不能引起学生大脑皮层神经细胞的兴奋，反而有可能引起抑制，适得其反。

如果教师在教学过程中能注意教学节奏，有意识地安排一些教学间歇和活动，就能取得较好的教学效果。教师完成一个教学片段后可提出与下一阶段有关的能激发兴趣的问题，引起学生的好奇与思考，师生共同展开讨论。这样既活跃了课堂气氛，又可适时地把学生的注意力吸引到新的教学中。教师也可以在一个教学片段后变换教学手段，例如播放视频、做游戏、模拟实践等，把学生的兴奋点转移到另一个兴奋点上。这样，尽管原来的信息通道被抑制，学生还是进入了一个新的兴奋点。这样的教学节奏就可控制和避免大脑皮层神经细胞由兴奋向抑制转化，保证后续教学取得较好的效果。[②]

语言教学是一项培养学生语言能力的教学活动。教师调节课堂气氛，引导学生积极参与教学活动，能发挥他们的主观能动性，给他们提供更多的操练机会掌握语言技能。课堂气氛是教学中师生心理活动的外显信息，它会在不知不觉中影响师生双方的心理。汉语作为第二语言教学的对象来自不同的国家和地区，有着不同的心理特征，例如东方学生比较拘谨，西方学生比较活跃。教师调节好课堂气氛，也能较好地应对教学中出现的各种问题，并予以妥善解决。

第二节　对外汉语教师的人格特征

教师的人格特征对教育和教学都具有影响力。学生对教师的信赖来自教师的高度的责任感，学生对学习的信心来自教师稳定的情绪，学生对学习的热情来自教师广泛的兴趣。因此，对外汉语教师所具备的这些人格特征是教学取得成效的重要因素。

---

① 华东师范大学心理学系. 心理学 [M]. 上海：华东师范大学出版社，1984：47.

② 徐子亮. 汉语作为外语教学的认知理论研究 [M]. 北京：华语教学出版社，2000：280.

一、教师的人格特征

教师的人格特征对其所从事的教育工作会产生重要的影响。教师的人格特征是教育心理学研究的一个方面。莫雷（2002）认为教师的人格特征主要表现在行为动机和行为目标、兴趣、情绪、意志、道德、能力六个方面。[①]邵瑞珍（1990）将有成效的教师应具备的人格特征概括为教师的自我意识、教师的责任心、教师对学生的期望、教师的焦虑、教师的挫折忍受力和教师人格结构的PAC理论（P父母态、A成人态、C儿童态）六个方面。[②]

汉语作为第二语言教学工作是一项复杂的教学工作，它对于从事这项工作的教师也有比较高的要求。除了知识和能力等要求外，教师在人格特征方面还应当具备高度的责任感、稳定的情绪和广泛的兴趣这三个基本素质。

（一）高度的责任感

责任感是对自己所承担的责任、义务的高度自觉，这是一个教师所必须具备的基本素质。对外汉语教师的高度的责任感建立在他对自己所从事的工作意义的认识上。汉语作为第二语言教学是介绍和传播中国语言文化，让世界了解中国，也是中国走向世界，加强与各国联系和交流的重要工作。对这项工作意义的正确认识可使教师以高度的责任感去完成自己的教学任务。

具有高度责任感的教师能够自觉、认真地投入汉语的教学工作中去，他们会克服困难，尤其是因跨文化交际所带来的困难；他们会对工作负责，不会因为有没有考核而有所变化。教师的高度的责任感不仅直接作用于教学工作，还会对学生产生心理上的影响，使学生更加信赖教师，从而提高教师的威信。

（二）稳定的情绪

稳定的情绪表现在教师对学生的耐心及对自身情绪的控制上。语言学习是一项需要意志和毅力的学习。学生在学习过程中会遇到各种困难和

① 莫雷. 教育心理学 [M]. 广州：广东高等教育出版社，2002：537.

② 邵瑞珍. 学与教的心理学 [M]. 上海：华东师范大学出版社，1990：369.

问题，例如，学生不理解有些句子的意思时，教师就要进行反复解释，运用各种教学方法充满耐心地去帮助学生掌握。对外汉语教师所面对的是外国学生，跨文化交际障碍有时会影响教师上课的心态，这就需要教师会控制自己的情绪。例如，学生提出一些教师在备课时意想不到的问题，或者教师一时回答不出的问题。发生这样的情况时，教师应克服焦虑，冷静对待，控制和调节好自己的情绪，努力解决问题，而不是抱怨或推诿。教师稳定的情绪是教学工作顺利开展并取得良好效果的基本保证。教师稳定的情绪也会使师生关系更融洽，让学生更愿意去亲近教师。

（三）广泛的兴趣

对外汉语教师广泛的兴趣表现在对新知识的追求、新事物的探索和对教学的全心投入上，也表现在善于思考和探究，以及对生活经验和世界知识的关注上。教师在教学中所表现出来的兴趣也会更好地吸引学生，使教师在学生中树立威信。

比如，有位兴趣广泛的资深对外汉语教师将兴趣与教学相结合，他就取得了较好的教学效果。他喜欢研究文字，遇到学生难以掌握的字词，如“盗寇”，他能从汉字的结构来进行分析。他把“盗”字的“次皿”分析为“垂涎别人的器皿”，把“寇”字的“完支”解释为“持棍入屋击人”，通过这种方式向学生讲解，更好地帮助了学生识记。学生词语学到一定阶段后他就引导学生整理同义词和反义词，如“热情、热心、热忱、热诚、亲热、亲切”和“冷漠、冷淡、冷清、冷静、冷落”等等，这样的整理可以帮助学生建立心理词典中的语义网络。他还会指导学生应用一定的学习策略，如在阅读课上教学生抓主要信息和线索，在听力课上教学生把握关键语句和细节问题，在口语课上教学生提问和展开话题，等等。在课外活动时，这位教师还会利用周围的事物传播中华文化，如让学生认“老凤祥”等商店的招牌，并解释其中的文化含义，让学生了解中国人喜欢“吉祥”的文化心理。这位教师的广泛兴趣和对教学的思考与探索也赢得了学生的信赖和赞誉。

二、对外汉语教师的影响力

对外汉语教师的影响力具体表现在教师对学生的角色认知、对学生的期待，以及教师的个人形象对学生产生的榜样作用上。

（一）对学生的角色认知

角色认知是个体对自己或他人的社会地位、身份及相应的行为规范的认知过程。[1]教师对学生的认知是一种角色认知，它常带有一定的主观色彩。人们常说的第一印象、刻板印象及心理学中的晕轮效应都属于角色认知的范畴。

1. 第一印象

第一印象是人们对初次见面的人的印象，是对其年龄、身材、衣着、谈吐、仪表、姿态等等的印象。第一印象好就会对其行为向好的方面去考虑。比如外国学生入学分班面试时，有的学生表现优秀，对教师恭敬礼貌，回答问题反应快，表现出对学习的很大期待，那么教师就会对这些学生留下良好的第一印象。如果这样的学生分到面试教师所教的班级里，那么即使有不足之处，教师也会自觉不自觉地加以过滤。反之，如果这个学生在面试时表现差，就会给教师留下不好的第一印象。但是第一印象有时会掩盖学生的发展变化，教师也需要用发展的眼光来客观评价学生。

2. 刻板印象

刻板印象指的是在人们头脑中存在的关于某些人或事物的带有偏见的固定印象。在教育心理学中指教师头脑中存在的关于某一类学生的固定形象。[2]这种固定形象来自教师从外界得到的某些信息，如书籍或音像资料中对某一类人的形象塑造，还可能是教师按照自身经验或生活经历对学生所做的评价。刻板印象会产生积极的作用，它能帮助我们整体判断并大致了解学生。但是刻板印象也有消极作用，由于教师进行的是整体评价，所以有时也会抹去学生的个体差异。有些对外汉语教师根据经验认为东方学生比较拘谨，西方学生比较活泼。例如有位初次担任教学工作的汉语教师在检查学生复习情况时挑了两个西方学生到黑板前听写生词。没想到其中一个美国女学生因为写错了一个汉字而当场大哭，使这位教师手足无措。

---

① 邵瑞珍. 学与教的心理学 [M]. 上海：华东师范大学出版社，1990：384.

② 邵瑞珍. 学与教的心理学 [M]. 上海：华东师范大学出版社，1990：385.

这个教学实例就生动地说明了美国学生中也不乏内向的学生。正确的做法是对学生既要有整体印象，又要了解具体学生的个性特征，只有这样才能顺利地进行教学。

3. 晕轮效应

晕轮效应是指在人们知觉中所形成的以点概面或以偏概全的主观印象。例如，有位对外汉语教师遇到一个来自亚洲的外国学生，该生各门课程都学得很吃力，成绩勉强及格，因而对他产生了不好的印象。其实这个学生的社会活动能力很强，课余的大部分时间都忙于学生会的工作，经常组织各种中外学生的交流活动。这位教师在一个偶然的机会了解到这些情况后改变了对他的看法。之后，这位教师找这个学生谈话并对他进行指导。这个学生在期末考试的时候就有了比较大的进步。

角色认知是一种正常的心理现象，对外汉语教师应该在工作中克服角色认知偏差，正确客观地了解自己的教学对象，并给予指导和帮助，努力提高教学水平。

（二）皮格马利翁效应与教师对学生的期待

皮格马利翁是古希腊神话中塞浦路斯的国王。这个国王擅长雕刻，并且把自己的全部感情与期望都倾注在他所雕刻的美丽少女雕像上。后来在爱神的帮助下雕像被赋予了生命，最终国王如愿以偿。国外教育家借用这个神话故事来比喻教师对学生的期待作用，将其称为“皮格马利翁效应”。[①]

罗森塔尔（R. Rosenthal）和雅各布森（L. F. Jacobson）曾在小学1—6年级的学生中做过一个“预测未来发展的测验”。他们随机在各班抽取20%的学生作为实验组，并特意告诉教师这些学生是“未来的花朵”，他们有很大的发展潜力。八个月后又对全体学生进行了一次同样的测验，结果发现被认定为“未来花朵”的学生在测验结果上比其他学生高很多，并且在教师的期末评定中这些“未来花朵”也明显优于其他学生。这个实验表明，一方面教师受到实验者的暗示，对“未来花朵”倾注了更大的热情与关注；另一方面，教师的期待对这些“未来花朵”产

---

① 韩永昌. 心理学 [M]. 上海：华东师范大学出版社，1993：352.

生了激励效应，使他们更加努力地学习，教师得到学生的良好反馈后又会以更大的教育热情来期待这些学生。这种被罗森塔尔称之为“皮格马利翁效应”的现象说明了教师的期待足以影响学生的学习。①

对外汉语教师在教学中对学生的期待和关注同样会对学生起到激励作用。上海某教学单位曾接待过日本一家著名大公司派遣来中国学习中文的七名公司学员。经过10个月的强化学习，这些零起点汉语水平的公司学员全部通过汉语水平考试中级。在这10个月的时间里，所有任课教师全心投入教学，并以汉语水平考试中等水平的学习目标来激励学员。这种对学员的期待可以说是赢得这次培训成功的重要原因。

教师对学生的期待有着有意识和无意识之分，有时是教师的主动影响，有时是教师不自觉的流露。如果对外汉语教师了解到教师对学生的期待作用，就能给学生带来更多积极的影响。当然，教师对学生的期待应该建立在对学生全面了解和评价的基础上才能发挥应有的作用。

（三）对外汉语教师的个人形象

除了对外汉语教师的人格特征及教师对学生的期待能对学生产生影响外，对外汉语教师的衣着、谈吐、仪表等个人形象及其行为方式等也会影响学生。对外汉语教师是汉语国际教育工作的主要执行者。这项工作可以传播中国的语言文化，增进世界对中国的了解，加强中国的国际文化交流。中国以“礼仪之邦”著称，因此，对外汉语教师应让学生从他们身上体会到礼仪之邦的精神。对外汉语教师在面对学生的时候就要注意自己的仪表、形象、谈吐和行为。如果不修边幅的话，就会引起学生的不快。衣着整洁大方、言行端庄热情的对外汉语教师也更容易得到学生的尊敬和信赖。

对外汉语教师的工作实际上是在进行跨文化交际，因而对跨文化交际知识的掌握和运用也是对外汉语教师的重要课题。例如在双方交谈时站和坐的问题。中国人喜欢请客人坐下，因为他们认为让客人站着不够尊敬。因此在发出邀请时常说“请到我家来坐坐。”而西方人发出邀请时则说“请到我家来好吗？”，回避了坐和站的问题。事实上西方人在很多场

① 叶奕乾，祝蓓里. 心理学（修订本）[M]. 上海：华东师范大学出版社，1996：420.

合对“站”有一种偏爱，他们站着开会、站着吃饭、站着聊天儿。或许他们认为站着交谈会使气氛更加和谐、亲切。[①]对外汉语教师在工作中一方面要让学生充分了解中华民族的社会习俗、生活习惯和文化心理，另一方面也要了解不同国家和民族的社会习俗和文化心理。由于文化差异和母语文化的思维定式、交际原则与价值观念的差异，中外师生可能会产生跨文化交际障碍。因而对外汉语教师要通过自己的言行体现优秀的中华文化，在与学生的交流中求同存异地对待文化差异，在立足母语文化传统的基础上，汲取异质文化的长处。这是对外汉语教师应有的态度，这种态度也将对学生产生重要的影响。

① 贾玉新. 跨文化交际学 [M]. 上海：上海外语教育出版社，1997：459-460.

本章小结

教师在学校和社会生活中扮演不同的社会角色。对外汉语教师是学习的示范者、学习的指导者、教学的组织者、教学的研究者。

对外汉语教师应具备专业知识和技能、教学能力和监控能力，才能胜任教学工作。

对外汉语教师在人格特征方面应当具备高度的责任感、稳定的情绪和广泛的兴趣。

对外汉语教师的影响力表现在教师对学生的角色认知、对学生的期待及教师的个人形象对学生产生的榜样作用上。

知识运用

1. 为什么说教师要扮演多种社会角色？他们在教学活动中的作用是什么？
2. 一个合格的对外汉语教师应具备哪些知识、能力和人格特征？
3. 教师在教学活动中如何充分发挥其主导作用？探讨对外汉语教师激励学生努力学习，提高学生的学习效率和效果的方法与举措。

案例分析

一、案例展示

周老师新学期到国际学校的初中部任教。因为是开学后的第一次课，所以师生都比较陌生，周老师正在做课前准备，学生陆续到达教室。这时，突然有名学生走向周老师大声说："Hey，how is it going?"，周老师被学生突如其来的招呼方式吓了一跳，觉得学生有点儿唐突，一时不知道说什么就没有作答，只微微点了点头。学生觉得老师对自己的热情主动没有回应，觉得这个老师难接近。这个小插曲影响了师生双方的情绪，也使接下来的课堂气氛显得有点儿紧张。

在后续的教学中，周老师有次介绍中国的传统文化。他认为华裔背景的外国学生对中国传统文化的认同度高，于是便请华裔学生介绍其家庭是如何传承中华民族的"孝"文化的。但被要求做介绍的华裔学生长期生活在加拿大，受当地文化影响并不理解"孝"的含义，也不了解"孝"文化，所以也不可能向班级同学做介绍，结果搞得师生双方都很尴尬。

请分析周老师遇到的情况，并尝试寻求解决的方法。

二、案例分析指导

（一）案例分析思路

1. 认真阅读案例，找出该案例的核心内容。

2. 针对核心内容，分析形成教学难点的心理成因。

3. 思考解决方案。

（二）案例分析提示

1. 本案例的核心内容

1）老师对学生突然的招呼方式未作答，学生觉得老师难以接近，影响到课堂气氛。

2）老师要求华裔学生介绍自己家庭对中华民族“孝”文化的传承，而被要求的华裔学生长期生活在海外，受到当地文化的影响，无法完成老师的课堂任务。

2. 针对核心内容的分析

1）教师稳定的情绪，善于调节课堂气氛，有利于教学活动的展开。

2）缘于教师对某一类学生的刻板印象。

3. 解决的参考方案

1）教师对学生要有比较充分的了解，对自己所从事的教学工作要有充分的信心，以便应对课堂上出现的问题，并妥善予以解决。

2）对学生既要有整体印象，又要了解其个性特征。

参考文献

柏树令. 系统解剖学（第5版）[M]. 北京：人民卫生出版社，2001.

北京语言文化大学汉语学院汉语系. 中级汉语听和说[M]. 北京：北京语言文化大学出版社，1999.

桂诗春. 实验心理语言学纲要——语言的感知、理解与产生[M]. 长沙：湖南教育出版社，1991.

韩永昌. 心理学[M]. 上海：华东师范大学出版社，1993.

胡裕树. 现代汉语[M]. 上海：上海教育出版社，1989.

华东师范大学心理学系. 心理学[M]. 上海：华东师范大学出版社，1984.

贾玉新. 跨文化交际学[M]. 上海：上海外语教育出版社，1997.

孔令跃. 对外汉语教学语块研究述评[J]. 华文教学与研究，2018（1）.

李维. 认知心理学研究[M]. 浙江人民出版社，1998.

刘爱伦. 思维心理学[M]. 上海：上海教育出版社，2002.

卢福波. 对外汉语常用词语对比例释[M]. 北京：北京语言大学出版社，2000.

[美]罗伯特 • L. 索尔索. 认知心理学[M]. 黄希庭，等译. 北京：教育科学出版社，1990.

莫雷. 教育心理学[M]. 广州：广东高等教育出版社，2002.

彭聃龄. 语言心理学[M]. 北京：北京师范大学出版社，1991.

彭聃龄. 汉语认知研究[M]. 济南：山东教育出版社，1997.

彭聃龄. 汉语认知研究——从认知科学到认知神经科学[M]. 北京：北京师范大学出版社，2006.

全国十二所重点师范大学. 教育学基础[M]. 北京：教育科学出版社，2002.

邵瑞珍. 学与教的心理学[M]. 上海：华东师范大学出版社，1990.

束定芳，庄智象. 现代外语教学——理论、实践与方法[M]. 上海：上海外语教育出版社，1996.
王初明. 应用心理语言学[M]. 长沙：湖南教育出版社，1990.
王甦，汪安圣. 认知心理学[M]. 北京：北京大学出版社，1992.
徐子亮. 汉语作为外语的口语教学新议[J]. 世界汉语教学，2002（4）.
徐子亮. 语言实践在口语自动化中的作用[C]//竟成. 对外汉语论丛（第二集）. 上海：上海外语教育出版社，2002.
徐子亮. 写作教学中培养外国学生用汉语思维和表达的方法谈[C]//潘文国. 对外汉语教研论丛（第三辑）. 上海：华东师范大学出版社，2005.
徐子亮. 欧美学生汉语阅读学习的特点分析[C]//北京外国语大学. 国际汉语教育：动态·研究（第二辑）. 北京：外语教学与研究出版社，2010.
徐子亮. 国际汉语教学中记忆与遗忘关系探析[C]//潘文国，陈勤建. 中文研究与国际传播（第2辑）. 上海：华东师范大学出版社，2013.
徐子亮. 图式理论与第二语言教学中的词义传达[J]. 国际汉语学报，2016（2）.
徐子亮. 汉语作为第二语言教学认知心理学[M]. 北京：北京语言大学出版社，2017.
徐子亮，吴仁甫. 实用对外汉语教学法（第3版）[M]. 北京：北京大学出版社，2015.
徐子亮，张蔚. 关联词对欧美学生阅读理解的影响分析[J]. 国际汉语教育，2015（1）.
许希阳. 汉语言专业留学生产出性词汇发展研究——基于议论文写作的考察[D]. 上海：华东师范大学博士论文，2017.
许秀云，曹青春. 图式与文化——图式理论在外语教学中的应用[J]. 天津外国语学院学报，2003（3）.
杨朦萌. 汉语二语学习者的词汇附带习得研究[D]. 上海：华东师范大学博士论文，2018.
杨治良，等. 记忆心理学（第二版）[M]. 上海：华东师范大学出版社，1999.
叶奕乾，祝蓓里. 心理学（修订本）[M]. 上海：华东师范大学出版社，1996.
张必隐. 阅读心理学[M]. 北京：北京师范大学出版社，1992.

张博. 提高汉语第二语言词汇教学效率的两个前提[J]. 世界汉语教学，2018（2）.

张长城，葛斌贵，周保和. 人体生理学[M]. 北京：科学技术文献出版社，1993.

张志公. 现代汉语（中册）[M]. 北京：人民教育出版社，1982.

章兼中. 国外外语教学法主要流派[M]. 上海：华东师范大学出版社，1983.

章兼中. 外语教学心理学[M]. 合肥：安徽教育出版社，1986.

朱纯. 外语教学心理学[M]. 上海：上海外语教育出版社，1994.

朱勇. 国际汉语教学案例与分析[M]. 北京：高等教育出版社，2013.

Grabe W, Stoller F L. *Teaching and researching reading*[M]. 北京：外语教学与研究出版社， 2005.

Piaget J, Inhelder B. *Memory and Intelligence*[M]. New York: Basic Books,1973.

Rumelhart D E. Schemata: The Building Blocks of Cognition[A]. Spiro R J, Bruce B C, Brewer W F. Theoretical Issues in Reading Comprehension. Erlbaum Mahway: Lawrence Associates, 1980.

Skinner B F. *Verbal Behavior*[M]. New York: Appleton-Century-Crofts, 1957.